わが経営に刻む言葉

Management Maxims

ウシオ電機会長
牛尾治朗

致知出版社

わが経営に刻む言葉　目次

第二章　人生を工夫する

第三章　身を修める

第四章 経営への視点

装幀――川上成夫／編集協力――柏木孝之

プロローグ　素に在りて贅を知る

経済の座標軸が変わった

早いものです。二十一世紀に入って十年がたちました。

このごろ、強く感じていることがあります。それは、経済の座標軸が明らかに変わってきている、ということです。

一つには、消費者が人間として求める理想像を代わりに実現してくれる企業が好感を持たれるようになった、ということがあります。人の心に優しい企業、公害問題を具体的に対応する企業、地球環境を大事にする企業、企業収益を社会のために還元する企業等々、人間の良心に基づいた経営を行っている企業に好感が集中しています。そういう企業の商品が売れるようになってきています。

高齢化の進展も、経済に大きな影響を及ぼしています。

厚生労働省の発表によると、平成二十年現在の日本人の平均寿命は、男性が七十九歳、女性八十六歳となっており、特に女性は二十四年連続で世界一となっています。しかも、単なる長生きというだけではありません。いまのお年寄りは実に元気です。その消費行動が市場に影響しないはずがありません。

いまのお年寄りの消費には、はっきりした特徴があります。「いいものを、ちょっとだけ」というのがそれです。

いまのお年寄りがリタイアした時期は退職金もそれなりに出ましたし、年金も満額支給されました。医療保険制度が変わり後期高齢者の自己負担分が増えるといったように、今後どうなるかは不透明な部分もありますが、現在までのところ、金銭面ではまずまず恵まれている、という状態にあります。

そして、いまのお年寄りは戦争体験者です。少年少女期のころまでに大変な食糧難と物資不足を経験しています。この経験から、多くの人に「もったいない」という精神が染みついてもいます。この精神が無節操な消費のブレーキ役になっているのです。また、元気なるがゆえに健康への配慮も旺盛で、同時に生まれ育ったころを懐かしむ気持ちから、自然への関心も強いものがあります。

これらのことが、「いいものを、ちょっとだけ」という消費スタイルに結びついているのだと考えられます。

いいものを、ちょっとだけ

いいものを、ちょっとだけ——この消費傾向を追求していくと、真に心地よい生き方を人々が求めるようになって、やがては精神的なものに重きをおくようになっていく様子をうかがうことができます。

「もので栄えて、心で滅びる」

高度成長の頂点のころでした。薬師寺管主の高田好胤《こういん》さんがこう警鐘《けいしょう》を鳴らされたことがありました。

高度成長期に失ってしまった大切なものに人びとが気づき、それを取り戻そうとする動きが、いまの消費傾向に表れているともいえます。そしてこの流れは、そこから新しい文化が生まれようとしているのだ、と私には感じられます。

こうした変化の中で新しい生き方を模索する際、私には生前懇意《こんい》にしていただいた元総理の大平正芳《まさよし》さんの言葉が思い出されます。

大平さんは貧しい農村のお生まれです。質素な生活で生い立たれ、そういう暮らし方が身についたものになっていました。

その大平さんが政界に入られ、次第に重きをなして国政の重要なポストを占めるようになります。すると、大平さんの私的な暮らし方の基本はそれまでと変わらない質素を旨《むね》としたものでしたが、当然、文明のきらびやかな交点に接する機会が出てきます。例えば、海外に出向けば、晩餐会や要人との会食で極上のワインに喉を潤《うるお》し、美味しいフランス料理を味わいます。また、その国最高の芸術作品に触れ、一流のオペラやバレエなどを鑑賞する機会も増えてきます。そういった中で、感じられたものが大平さんにはあったのでしょう。

大平さんが総理になられたとき、私は求めて揮毫《きごう》していただきました。大平さんが書かれた言葉はこうでした。

「在素知贅」（素《そ》に在りて贅《ぜい》を知る）

贅とは大枚《たいまい》をはたいて物質的な贅沢を楽しむことだけではありません。一流のものに接したり、リラックスして心豊かなときを味わうことも贅の一つです。

普段の生活はあくまでも質素にして、たまの休日に一流の歌舞伎を楽しむ人もいます。また、三度の食事はつつましくしているけれど、英国のクッキーを最高級のインド紅茶とともに味わう優雅なお茶の時間を大切にしている友人もいます。別の友人は、好きなオペラが来日するとひとり八万円もするよい席をとって、ご夫婦そろって楽しまれます。しかし、日頃はいたって質素に暮らしているそうです。

こだわりの感性で、自分だけの豊かな楽しみを持っていると、自然と他の人の楽しみに対しても寛容になってゆくでしょう。

シンプルライフ・ハイシンキング。質素な生活・高い思考。こういった生活スタイルが二十一世紀の生き方の主たる方向になっていくように思われます。

改革の方向

もう一つ、二十一世紀の生き方として重要になるものがあると思います。それは困った人に手を差し伸べる、人のために役立つことをする、そういう思いやりの心です。

さまざまな分野で、さまざまな形で、ボランティア活動が盛んになっていま
す。これは思いやりの心の表れといえるでしょう。ボランティア活動のような
思いやりに裏打ちされた行為は、二十一世紀の社会の重要な部分を占めるよう
になると思います。

国もまた同じです。一方に飽食といわれるような豊かさを楽しむ国がありま
す。また一方に、飢えた人びとが溢《あふ》れている貧しい国があります。これに目を
つぶって、自分たちだけ豊かさを謳歌《おうか》することは、許されることではありませ
ん。

ところが、日本は財政の逼迫《ひっぱく》などを理由に、ODA（政府開発援助）予算を
削減する方向にあります。

もちろん、国家財政は重要です。また、これまでのODAにはあまりにも政
治的な意図が先行していたり、援助対象国の一部のみを潤すだけで援助の効果
が末端まで及ばなかったり、計画が杜撰《ずさん》で援助の実効性が薄かったり、という

ように、問題があるものが確かにありました。そういうものを改めるのは当然のことです。

しかし、財政が逼迫したからＯＤＡ予算を削減するという発想は、思いやりの心が重要な位置を占める二十一世紀ではいかがなものでしょう。多少の身銭を切ってでも困っている人を助けるという思いやりの心を欠いては、世界から尊敬される国にはなり得ないでしょう。

アメリカのある投資顧問会社がさまざまなデータを駆使して、世界経済の未来を予測しました。出た結論は、五十年後にはＢＲＩＣｓ《ブリックス》が世界経済の中心になるというものでした。ＢＲＩＣｓとは、Ｂがブラジル、Ｒがロシア、Ｉがインド、Ｃが中国のことです。

ですが、これは五十年後どころではありません。中国の凄《すさ》まじいばかりの成長を先頭に、その姿ははっきりと現れてきています。

日本は世界第二位の経済大国、ということになっています。しかし、これは固定観念に過ぎなくなりつつあります。世界経済における日本の位置が急速に失われつつあることは確かだし、それは避けることができないと思います。

その中で防衛、治安、衛生の安全と安心を確保し、自由経済を維持して、思いやりに満ちた徳性国家としての輝きを発揮しなければなりません。

そのためには何が必要なのか。何をしなければならないのか。日本人はいま、そのことを集中して考えなければならないときなのです。

そのとき、基本になるのが「素」であると思います。政治のあり方も、社会の構造も、個人の生活も、「素」を基本に構築され、「贅」を知って心満ち足りる。それが二十一世紀の日本の姿であり、改革はそこに向かってなされなければならないと思います。

素に在りて贅を知る——「在素知贅」

第一章

先達に学ぶ

孤に徹し、衆と和す

岸信介さんの好んだ「和して流れず」

安倍晋太郎さんから、岳父《がくふ》である岸信介《のぶすけ》さんが好んで口にされた言葉を教えてもらったことがあります。

「和して流れず」

この言葉は中国古典の『中庸』にあるもので、

君子は和して流れず
強なるかな矯《きょう》たり
中立して倚《かたよ》らず
強なるかな矯たり

の一節です。私は次のように理解しています。

「君子は他人と和合しても流されない
歪みを正す強さを有している
君子は中立して偏ることがない
歪みを正す強さを有している」

これと似た言葉が『論語』にもあります。

君子は和して同ぜず
小人《しょうじん》は同じて和せず

どちらも似た意味と解していいでしょう。

周りと協調していくのは大切なことです。しかしともすれば、人々と和しているつもりが、いつの間にやら周りに押し流され、時代に巻き込まれてしまっている。そういうことが往々《おうおう》にしてあるものです。

ことにリーダーたる者がこうでは困ります。周りに和しながら、同調するあまり自分を見失い、世間に巻き込まれてしまってはどうにもなりません。世間と和しつつ、自分の信念はしっかり保持している。そうでなければリーダーたり得ません。

岸さんが「和して流れず」を好んで口にされていたと聞いて、なるほどな、と思いました。

戦後、吉田茂政権が軽武装、経済重視という、わが国の根幹となる二つの政策を提案しました。経済重視は池田勇人《はやと》政権の所得倍増計画によって推進されますが、その前に軽武装を実際の政策として実現することに邁進《まいしん》されたのが岸信介さんでした。その成果が、今日へと続く日米安保条約の締結です。

現在は軽武装、経済重視は国民の支持を得ていますが、昭和三十五（一九六〇）年、日米安保条約改定に際しては、激烈な反対闘争が行われました。安保反対に日本全土が沸き立った、といっても過言ではありません。反対のデモが国会議事堂に殺到し、日本が引っ繰り返ってしまうのではないかと思われる状況でした。

ですが、時の首相であった岸さんは毅然《きぜん》として安保改定を断行されました。日本の安全保障にとって日米安保条約改定は不可欠だ、という信念を貫かれたのです。

まさに「和して流れず」です。リーダーはこうでなくてはなりません。岸さんの信念の正しさは、それからの日本が平和で、その平和に守られて高度成長を遂げたところに如実《にょじつ》に示されています。

リーダーの難しさ

岸さんと同じ意味の言葉を、私は元首相の大平正芳さんからいただきました。揮毫をお願いしたときに、この言葉を筆にされたのです。

「孤に徹し、衆と和す」

確固たる信念を持ち、決断するときは徹底的に自分を見詰めて考え抜く。同時に、しっかりとした自分を持ちながら人々と和していく。そういう民主主義社会のリーダーのあるべき姿がこの一語に示されています。

実際、大平さんはこの言葉どおりのリーダーでした。孤に徹して自《みずか》らを厳しい立場に追い込み、考え抜いて決断する。同時に春風をもって人に接し、相手の言うことに誠実に耳を傾けて、周囲と和することに心を砕《くだ》いておられました。

一見相反することをしなければならないリーダーという立場の難しさは、私にもいささか理解できます。だからこそ、二人の優れた政治的リーダーが肝に銘じられていた同じ意味合いの言葉は、貴重な教訓として胸に食い込んでくるのです。

君子を選び出す社会システム

私は日本の科学技術政策に関わりがあります。そういう仕事をしてきました。いま、世界の科学技術の焦点となっているものに四つの柱があります。ＩＴ（情報技術）、ＢＴ（生命工学）、ＮＴ（超細微制御技術）、ＥＴ（環境技術）がそれです。

話は飛びますが、スポーツの世界で日本が世界水準に達している種目は人気があります。イチロー選手や松井秀喜選手がメジャーリーグで大活躍し、野球は大いに盛り上がっています。サッカーも二〇〇二年ワールドカップの日本の予選突破で人気が高まりました。逆に国際大会で日本選手が上位に食い込めない種目はマイナーに止まらざるを得ません。

科学技術にもこれと似たところがあって、先に述べた四つの柱が世界水準を目指す分野として注目を集めているのです。

二十世紀後半の日本は、アメリカ並みの豊かな生活、イギリス並みの民主主義をモデルとして、これに追いつくべく努力してきました。そして、見事に世界水準に達しました。これが二十一世紀になると、目指すべき世界水準のモデルは科学技術の四つの柱に移ってきたのです。

グローバリゼーションの進展で世界の一体感が強まり、いまや全世界がIT、BT、NT、ETの世界水準を目指して、さらにはその上を目指して、鎬《しのぎ》を削る状況が出現しています。

世界水準を目指すには、一つの分野に高い専門性を有すると同時に、各専門分野を結びつけて総合化し、一般大衆のニーズへの橋渡しをしていく人材が求められます。

いま日本には優秀な人物がたくさんいます。しかし、惜しむらくはその多くがしかるべき影響力を発揮できる地位に就いていません。極めて高い専門性を有し、その分野では高く評価されているのですが、他の分野と総合化したり、社会のニーズと結びつけたりする地位は与えられていないのです。これは科学技術の世界水準を目指す上で、日本の大きな問題点だと思います。

優秀な人物が影響力の持てる地位に就いていない。なぜでしょうか。私はいまの競争社会がネックになっていると考えます。

商品やサービスの質を向上させるには、競争は有効です。一定のルールの下で競争することで、商品やサービスの質は確実に向上します。しかし、これは商品やサービスの話です。果たしてこれが人間に通用する話でしょうか。競争によって優秀な人物を選び出し、その人物をしかるべきポストに就けることができるか、ということです。

中国古典の『宋名臣言行録《そうめいしんげんこうろく》』にこのような一節があります。

「君子は進み難く退き易《やす》し。小人《しょうじん》は是《これ》に反す。若《も》し小人、路を得ば、豈《あ》に去る可《べ》けんや」

君子は権力に執着しません。だから、容易なことでは地位を目指して名乗りを上げたり、立ったりはしません。むしろ地位から遠ざかり、ときにはさっさと引退してしまいます。反対に小人は、それだけの中身がないのに権力欲だけは旺盛です。そしていったん地位や権力を手に入れると、それにしがみついて手放そうとしません、といっているのです。

かつて安岡正篤《まさひろ》先生のもとで本読み会を続けていたとき、先生がこう述べられたことを覚えています。

「小人と君子が重要な地位を争ったときに、権謀術数《けんぼうじゅっすう》渦巻《うず》く社会では小人のほうがはるかに説得がうまく、一方、君子はともすれば馬鹿馬鹿しい争いを避けて山に籠《こも》ってしまう。結果として、つい君子を遠ざけ、小人を登用してしまうことが起こりがちである。そのため、中国において皇帝の最も重要な仕事とは、小人と君子を争わせることなく、君子をそのふさわしい地位に就けることだったのだ」と。

これを現在の民主主義下の経済と政治の関係に置き換えて考えるならば、すなわち、市場経済のメカニズムは現状のままでいいとしても、こと政治の世界においては、真の君子をトップリーダーに据えるだけの見識を民意が示さなくてはならない、ということです。政治を小人の手に委《ゆだ》ねてしまうと、いわゆる衆愚《しゅうぐ》政治となり世が乱れてしまいます。民主主義の政治では、皇帝の地位は投票権を持つすべての国民となります。ですから、君子をトップにおくという適切な選択をできるかどうかが今後の民主主義の大きな課題になってくると思うのです。

日本の社会システムが『宋名臣言行録』にあるこの話のようになっているとはいいませんが、多分にその傾向はあると思います。科学技術の分野で優秀な人物が影響力を持てる地位に就いていないという現実が、その一端を表しているといえます。

二十一世紀を生きていくために、日本は君子を見いだし、しかるべき地位に就けるための新しい社会システムを構築することが重要な課題になります。

国民もまた、「孤に徹し、衆と和す」る人物を選び出す意識と目を持ちたいものです。

君子は和して流れず
強なるかな矯たり
中立して倚らず
強なるかな矯たり
（『中庸』）

非連続の連続こそ人生

四十代からどう生きるか

　創業経営者であった祖父は、銀行、電力会社、都市ガス会社を家業として設立しました。その後継者であった父は、若くして祖父の後を継ぎ、神戸の財界活動を積極的に行っていました。

　ところが戦後の公職追放によって、父の手には小さな会社の経営権だけしか残らず、その会社の経営も赤字化していました。そして父の急死により、今度は私が父の会社を受け継ぐことになったのです。私はそのとき、まだ二十七歳の若さでした。

そのころ、私は東京銀行のサラリーマンをしながら、先々は文化の分野で仕事をしていきたいと考えていました。ところが、そんな私の志望は父の死によって早々と中断されることになりました。しかし、会社は赤字に陥っていましたから、あれこれ思い煩《わずら》っているゆとりはありません。ただただ会社を盛り返すことに必死でした。

会社から電機部門を分離して現在のウシオ電機を設立し、社業にいそしんできました。そしてふと気がつけば、私は四十代の半ばに差し掛かっていました。経営も一応軌道に乗り、会社も上場して、収益も安定してきたところで、ようやく自分を見つめ直すゆとりが生まれました。さて、これからの人生をどう生きていくか、と私は考えたものです。

井上靖さんに学んだ目標達成までの時間

そんな私に貴重な示唆を与えてくださったのが、作家の井上靖《やすし》さんでした。第三高等学校（旧制）時代に親しくしていた足立文與さんという同級生がいて、彼が井上靖さんの甥《おい》でした。そういう関係で井上さんと知り合ったのです。二十代のころにはしばしば井上さんの作品を読む機会があり、感想を求められたりしたものです。

井上さんは私より二回り上の未年で、すでに七十代に入っていました。井上さんは毎日新聞の記者時代に書いた『闘牛』で昭和二十四（一九四九）年に芥川賞を受賞、華々《はなばな》しいデビューを飾られましたが、その後もサラリーマン小説、時代小説、そして中国物と領域を広げ、旺盛《おうせい》な創作活動をされていました。

ある日、井上さんをお訪ねすると、これからシルクロードの取材に行く、とのことでした。七十代といえば、いくらお元気でも、もう老齢です。大丈夫なのだろうか、と私は内心思いました。

そんな私に、井上さんは西行《さいぎょう》の話をされました。西行が歌枕《うたまくら》、つまり古歌に詠まれた諸国の名所を訪ねて東北の旅に出たのは六十九歳のときでした。当時の旅の困難は大変なもので、西行は相当の覚悟を定めて出発したそうです。

「それに比べたら、シルクロードの砂漠の果てだろうがなんだろうが、いまの旅は簡単なものさ」

井上さんはそう言って笑われ、こう言葉を続けられました。

「新しいものに挑戦し、それに打ち込んでいけば、十五年もすると誰もが目標を達成することができる。これが年を取るとだんだん利口になって、目標達成までの時間が十年くらいに縮まってくる。つまり、八十歳ぐらいまで生きるとして、四十代後半からあと三回は挑戦のチャンスがある、ということですよ」

井上さんは人生最後の挑戦に向かわれようとしているのだな、と思い、私にも三回挑戦のチャンスがあるのだと思うと、勇気がふつふつと湧いてくるのを感じました。

「いまだけがある」と唱えた舘林三喜男さん

もう一つ、リコーの二代目社長だった舘林三喜男《たてばやしみきお》さんからは、井上さんとは対照的なお考えを示していただきました。

舘林さんは東大法学部を卒業後、内務省に入り、佐賀県副知事、参議院議員などを経て、リコー初代社長であった市村清さんに請われて後事《こうじ》を託された、という人です。

舘林さんは「それまでのキャリアの中でもいろいろ難しいことがあったが、経営者が一番難しい」と言われ、「だが、企業経営が一番やり甲斐《がい》がある」、と言っておられました。
その舘林さんは禅に造詣《ぞうけい》が深く、こんなことをおっしゃっていました。

「人間にとって過去はすでにない。未来もどんなに考えても分かるものではない。ただ一つある確かなものは、現在ただいまです。確かにあるいまに集中して生きる。その生活態度こそが本当の生き甲斐を見いだす唯一の道です。過去も未来もない。いまだけがある。この非連続の連続こそ人生というものだと思いますね」

舘林さんからはたくさんお話を聞かせていただきましたが、中でも印象に残っているのは、こういう話です。

趙州《じょうしゅう》という高僧がいました。若い僧がやってきて、なかなか悟りが開けない、と相談します。だが、趙州は直接それには答えず、ご飯を食べたか、と聞きます。ハイ、と若い僧。じゃ、茶碗（鉢）を洗ってきなさい、と趙州。そのとき、若い僧はハッと気づくのです。すべての真理はここにある、と。

飯を食う。茶碗を洗う。なんということもない、文字どおりの日常茶飯事です。ですが、飯を食うときには、食べることに集中して一所懸命に食べる。茶碗を洗うときは全力で茶碗を洗う。いま、この瞬間、それ以外にどんな人生があるというのだろうか。いま、目の前にあることに全力を集中して、一つひとつを完結させる。それが人生なのだ、ということです。

過去も未来も断ち切って、いま目の前にあるものに集中して全力をあげる。そのいまという一瞬一瞬が積み重なって、十年たち、十五年たちすると、チャレンジが功を奏して一つの仕事を為し遂げたことに気づく。非連続の連続。それが人生なのだ、と私はいまになって実感できます。

アメリカ発の金融不安が世界に広がった後、経済はまったく新しいステージに入りました。会社経営は大変な厳しさを強《し》いられる時代になりました。このとき、大切なものは何か。もちろん、これまでを振り返って過去に学び、それをいまに生かす努力も大切でしょう。未来に明るい展望を見いだし、そこに目標を据えてそこに向かっていくことも必要でしょう。

ですが、そのためにも重要なのは、いまです。私たちはいま以外には生きていないのです。

いま、目の前にあるものに一所懸命になり、いまに全力を尽くす。それ以外に生きることはできないのです。

いまに集中する。いまという非連続。それが十年、十五年と連続したとき、自分の人生はこれだ、というものが必ず摑《つか》めると思います。

「人間にとって過去はすでにない。未来もどんなに考えても分かるものではない。ただ一つある確かなものは、現在ただいまです。確かにあるいまに集中して生きる。その生活態度こそが本当の生き甲斐を見いだす唯一の道です。過去も未来もない。いまだけがある。この非連続の連続こそ人生」

（舘林三喜男）

人物登用法

『十八史略』に書かれた人物を選ぶポイント

『十八史略《じゅうはちしりゃく》』には中国の神話時代から南宋の滅亡までの歴史がつづられています。私は安岡先生が而学会（＊Ｐ51）でお話されているのを直接聞きました。その中に李克《りこく》という人物の逸話が出てきます。

李克は魏《ぎ》の王、武侯の客人としてブレーンというか参謀というか、そういう立場にいます。

あるとき武侯が、国の宰相《さいしょう》にはどんな人物を選ぶべきかを李克に相談しました。李克は次のように答えました。

居《い》ては其《そ》の親しむ所を視《み》、
富んでは其の與《あた》うる所を視、
達しては其の挙《あ》ぐる所を視、
窮《きゅう》しては其の為さざる所を視、
貧しうしては其の取らざる所を視る。

平生はどういう者と仲よくしているかを見る。お金ができたときはどう使うかを見る。出世して地位が上がったときはどういう人物を抜擢《ばってき》、登用するかを見る。困ったときには何をするかではなく、何をしないかを見る。貧乏《びんぼう》しているときは何を取るかではなく、何を取らないかを見る。

これが李克が挙げた人物登用の五つの観点です。

李克はこの観点から、魏成子《ぎせいし》という人物を宰相に推薦しました。これを不服に思ったのが翟璜《てきおう》です。実は李克が武侯の側《かたわら》に仕えられるように取り計らったのは翟璜なのです。翟璜はそのことを挙げて、恩知らずにもほどがある、どうして自分を推薦しないのか、と李克をなじりました。

李克は答えます。

「いま国の政治を担っている人たちは、いずれも魏成子が推薦した人たちです。彼はあれほどの地位にありながら、自分からは宰相になろうとせず、収入の九割を費やして国のために優れた人物を発掘しようと奔走《ほんそう》しています。あなたは国のために何をしましたか。せいぜい私を薦《すす》めたくらいではありませんか」

翟璜は恥じ入って、すごすごと引き下がるほかはありませんでした。

松下幸之助さんのお金の使い方

最近、改めて『十八史略』の李克の逸話を読み直してみました。いま読んでも少しも古さを感じません。それどころか、いまにピッタリ当てはまります。人間の本質はどんなに時代を経ても変わらないものだ、と思いました。

「居ては其の親しむ所を視」

いま日本をリードする立場にいる政治家や財界人は、どのような交友を持っているでしょうか。君子は交わりを慎《つつし》め、という古人の戒《いまし》めもあります。利害得失だけで繋《つな》がっている交友関係はないでしょうか。自分を高める。そういう交わりを持っているかどうか、見極めたいものです。

「富みて其の与うる所を視」

松下幸之助さんが生前、これと同じことをおっしゃっていました。

「お金の使い方を見れば、その人物が分かる」

と言うのです。

では、松下幸之助さん自身のお金の使い方はどうだったでしょうか。「物心両面の繁栄により、平和と幸福を実現する」という志を抱いて、パナソニックの前身である松下電器がまだそれほど大きくなかった時期からPHP運動を立ち上げ、後年には私財を投じて松下政経塾を設立、いまや政界の有力な部分を占める政治家たちを育て上げました。

これが松下幸之助さんのお金の使い方だったのです。

「達しては其の挙ぐる所を視」

言いにくいことを直言《ちょくげん》する部下。大局に立って遠慮なく意見を言う同輩。地位ができてくると、こういう存在はどうしても敬遠しがちになります。先述の『宋名臣言行録』における君子と小人の争いにみられるように、退きやすい君子を顧みず、小人を登用してしまうことが起こりがちなのです。

真に優れた人物を見極めるのは、大変難しいことです。人を評価するのは自分の人間性や人格が問われていることでもあるのです。まず自分を磨き、自分を向上させる以外に、優れた人物を見つけ出す眼力を備えることはできないようです。

安岡正篤先生からいただいた言葉

「窮しては其の為さざる所を視」

私事になりますが、ちょっと父のことを述べさせてください。

私の父は戦前、電力会社の社長や銀行の頭取を務め、八面六臂《はちめんろっぴ》の活躍をしていました。ところが、まさに脂《あぶら》が乗り切った時期に遭遇したのが戦争であり、敗戦でした。そして先にも触れたように、戦後、父は公職追放になってしまったのです。

活躍の場を失って、父の落胆ぶりは目に余るものがありました。そんな父を立ち直らせたのは、安岡正篤先生からいただいた言葉でした。

「随処《ずいしょ》に主となる」

どんな場であれ、自分に与えられたところで自分のすべてを発揮していく、という意味です。

それからの父は変わりました。頼まれて財界活動や社外取締役を務めることはありましたが、それを自分から求めたり、執着したりすることはありませんでした。経営の第一線に立とうとはせず、文人としての素質を開花させたのです。神戸の緑化運動や地域のラジオテレビ会社設立を通じた文化活動、また茶道普及のために裏千家の老分《ろうぶん》を務めたりして、その世界を心ゆくまで楽しんでいるふうでした。

父の人生は六十年に満たないものでしたが、強《し》いて為さざるが故《ゆえ》に満ち足りたものだったと思います。


「貧にしては其の取らざる所を視る」

富んだときもそうですが、貧しいときにもその人間性は露骨に表れます。浅ましく貪《むさぼ》る心が頭をもたげます。それは貧しさに負けて、人間性まで貧しいことを露呈することにほかなりません。

貧しさの中にあって、いかに取らないか、何を取らないか。これほどその人の人間性を表現するものはないかもしれません。窮しても貧しても、何を為すべきかではなく、為さざることが大事だということは、味わい深いことだと思います。

そして、この中で大切になるのは、随処に主となる、この精神ではないでしょうか。
『十八史略』の李克の逸話は、人物登用のための最高の教典です。

●人物登用の五つの観点

「居ては其の親しむ所を視、
富みては其の与うる所を視、
達しては其の挙ぐる所を視、
窮しては其の為さざる所を視、
貧にしては其の取らざる所を視る」

（李克／『十八史略』より）

＊而学会　安岡正篤先生がつくり、伊藤肇氏、楠田實氏、牛尾治朗の三名で世話人をした。「少而学則壮而為有　壮而学則老而不衰　老而学則死而不朽」（わかくして学べば壮して為すあり。壮して学べば老いて衰えず。老いて学べば死して朽ちず）の「而して学ぶ」から名をとった。約十年間、『宋名臣言行録』、『論語』の本読み会をした。岡崎久彦氏（元外務省）、西垣昭氏（元大蔵官僚）、江藤淳氏（文芸評論家）、山室英男氏（元ＮＨＫ）、松本誠也氏（元パイオニア）等、学者、経営者、ジャーナリスト二十人ほどで構成をした。

知識、見識、胆識

IT社会に不可欠なインテリジェンス

ラッセル・L・アコフ氏はシステム工学のパイオニアです。その学説は各方面から注目されています。

このアコフ氏が、「インフォメーション」（information＝情報）、「ナレッジ」（knowledge＝知識）、「ウィズダム」（wisdom＝叡知《えいち》）の関係について、大変興味深い説を提唱しています。

インフォメーションは情報と情報の関係性を理解したものであり、それを整理整頓すると、ナレッジになる。さらにそれをもとにさまざまな原理への理解を深め、向上していくことによって、ウィズダムに昇華していく。簡単にいえば、こういう説です。

インフォメーション、ナレッジ、ウィズダムの関係性を見事に整理し、位置づけている、と感じ入りました。しかし、このシステム論の定義を活学に照らし合わせてみると一つの要素が欠けているのではないか、とも思いました。それはインテリジェンス（intelligence＝知性）です。

インフォメーションがナレッジに移行する過程にはインテリジェンスが必要なのではないか、と思うのです。さらにインテリジェンスによってナレッジに息が通い、ナレッジはインテリジェンスによってウィズダムに成長していくのではないでしょうか。

このことはＩＴを利用する場合、特に心得ておかなければならないことです。

インターネットで発信される情報は膨大《ぼうだい》です。それを受け取る側にインテリジェンスがなければ、うまく活用できません。それどころか、情報の波に翻弄《ほんろう》されてしまうだけです。誤ったナレッジを身につけてしまうことにもなります。情報を発信する側も同じです。インテリジェンスに基づいた情報の発信でなければ、ナレッジどころか、社会を混乱させるもとになるだけです。

テレビで視聴者に媚《こ》び、インテリジェンスのない低俗番組を放映して世の批判を浴びることがよくあります。インターネットもそれと同じことです。

安岡教学の真骨頂

私は安岡正篤先生から、よく「知識、見識、胆識」の話をうかがいました。この考えはアコフ氏の説に符合し、人正論としてさらにその上をいく深みを備えているように感じます。

安岡先生の説かれる知識は、インフォメーションにナレッジを加味したものであり、それをインテリジェンスで昇華したものが見識である、ということができます。

ですが、その先にある胆識はウィズダムとは明らかに異なります。この胆識という概念を打ち出し、これを重要視したところが安岡先生のお考えの優れた現実性である、と私は思います。

知識は大切なものではあるが、それをただ持っているだけではなんの意味も価値もない、と安岡先生は説かれました。事に当たってこれを解決する際に、こうしよう、こうでなければならないという判断は、人格、体験、あるいはそれらによって得た悟りから生まれてくるもので、それが見識である、というわけです。

しかし、見識を備えているだけではまだ不十分です。物事を実現する力がなければ、見識はなんの役にも立ちません。いかなる抵抗があっても、いかなる困難に出合っても、見識に基づいてこうだと定めた信念を敢然《かんぜん》と断行する実行力が不可欠です。大胆な行動力と、皆がついてくる指導力が必要なのです。

言葉を換えると、リスクに挑戦する度胸のある決断。これを安岡先生は胆識と表現されました。胆識こそ、安岡教学の真骨頂だといえます。

学問は胆識に至って初めて活学となる、と安岡先生は説かれました。活学とは生きた学びであると同時に、学んだことを生かすことでもあります。その基軸となるものが胆識です。胆識なしにはいかなる学びも単なる知識に止まってしまいます。

胆識を備えて初めて真の知識人である、とも安岡先生は言われました。

学びを実践していく。真の知識人とは、人生を生き生きと生き抜く人である、ともいえると思います。

轉法輪奏さんを導いたマザー・テレサの生き方

西欧の実存主義にも、安岡教学と通じるものがあります。

実存主義の重要な概念に「アンガージュマン」(engagement)があります。これはフランス語ですが、英語では「コミットメント」(commitment)と表現されます。個人と社会との契約から政治に参加する、という概念ですが、自分の言ったことは行動に移し、結果を出さなければ、それは空理空論である、ということです。

これは胆識に通じる考え方です。青年期、私はこの考え方に大いに共感を覚えました。このことが文化の分野を志向していた私に、経営者として生きる覚悟を固めさせた契機でした。

私が経済同友会の代表幹事だった時代に、副代表幹事を務めていただいたのが大阪商船三井船舶元会長の轉法輪《てんぽうりん》奏《すすむ》さんです。第三高等学校の一年先輩だった轉法輪さんが経営者になられるまでの道は、私とはまったく異なっていますが、その志すところは同じでした。人間、真剣に生きる道を模索すれば、同じ地点に立つのかもしれない、と思ったものです。

轉法輪さんは浄土真宗の家のお生まれです。東大では共産党の活動に参加され、その後、キリスト教に改宗されました。仏教に戻らずキリスト教を選ばれたのは、その行動力に共感を覚えたからだ、とのことでした。

直接の影響を受けたのは、マザー・テレサです。路上に行き倒れた人がいます。もうすぐ亡くなることは、誰の目にも明らかです。ほとんどの人々は、かわいそうに、という慈悲の心に止まってしまいます。でも、マザー・テレサはその人を必ず連れて帰り、抱きしめて、自分の腕の中で看取《みと》りました。安らいで、亡くなるところまで見届けるのです。

その行動力に深い感銘を受けた、コミットメントを伴った慈悲の心に魅《み》せられたのだ、と轉法輪さんはおっしゃっていました。

学問は胆識に至って初めて活学となる。
胆識を備えて初めて真の知識人である。

（『中庸』）

第二章

人生を工夫する

一小燈、一隅を照らす

比叡山の薪歌舞伎

だいぶ前のことになりますが、平成十五（二〇〇三）年は比叡山延暦寺《えんりゃくじ》の開宗千二百年でした。いろいろな記念行事が行われましたが、その中では、七月に開催された薪歌舞伎が忘れられません。

夜の比叡山は普段は入山が禁止されています。それだけに独特の雰囲気に包まれていました。気温は下界より五、六度は低く、月が朧《おぼろ》に境内を照らし、空気は澄み切っています。

照明は篝火《かがりび》のみです。篝火の明かりというのは官能的なものがあります。その中で行われる歌舞伎は、通常の舞台以上に伝統の重みがひしひしと感じられました。

演目はいずれも延暦寺に因《ちな》んだものでした。中村吉右衛門の『橋弁慶』と中村鴈治郎《がんじろう》の創作歌舞伎『比叡の曙《あけぼの》』です。

東西を代表する歌舞伎の第一人者の二人はともかく、私が注目したのは、中村鴈治郎の孫で『橋弁慶』の牛若丸を演じた壱太郎《かずたろう》でした。そのときは弱冠十二歳でした。

型と個性

その前年、私は国立劇場の舞台で壱太郎を観ています。祖父の鴈治郎と『連《れん》獅子《じし》』を共演したのです。

ご存知と思いますが、『連獅子』は非常に動きの激しい、難しい踊りです。ことに二人が一緒に首を振る場面では、祖父の鴈治郎と孫の壱太郎の呼吸がぴたりと合い、実に見事でした。また、花道を後ろ向きのまま引き下がっていく姿は颯爽《さっそう》としていて、天性の美しさを感じさせました。私は彼の優れた舞台に感動したのです。

比叡山の薪歌舞伎でも、壱太郎は期待を裏切りませんでした。延暦寺という特別の舞台にも臆することなく、魅力的な演技を披露《ひろう》してくれました。

歌舞伎には求道という言葉があります。歌舞伎が持っているすべての型を修得するのが、歌舞伎における求道です。そして、求道を極めたその果てに出てくるものが真の個性といえます。

これは歌舞伎だけでなく、すべての世界にいえるのではないでしょうか。

私が観た、祖父と『連獅子』を踊る壱太郎、比叡山延暦寺では吉右衛門を相手にする壱太郎は、求道を極めようと努力している最中で、それが真摯《しんし》だからこそ、天性の個性がほの見えて、魅力的な舞台をつくり出していたのでしょう。そういう優れた伝統を育《はぐく》む日本の歌舞伎の逞《たくま》しさ、すごさを実感しました。世襲制の魅力がここでは肯定されるでしょう。

わが師・安岡正篤先生に学んだ生き方

「一隅を照らす。此れ則《すなわ》ち国宝なり」

比叡山延暦寺の開祖、伝教大師《でんきょうだいし》最澄《さいちょう》の言葉です。

わが師・安岡正篤先生にも、これに似た言葉があります。

「一小燈、一隅を照らす」

一人ひとりは小さくとも、それぞれが一隅を照らす生き方を貫く。そうすれば、全体が明るくなり、世の中はよくなっていく、という教えです。

安岡先生はこの言葉をよく口にされました。それは戦後の荒廃から復興に向けてまさに立ち上がろうとしている時期で、それだけに初めてこの言葉を聞いたときの私は、胸に突き刺さるような感じで、本当にそうだ、と深い感銘を受けたのでした。

いま、時代は大きく転換しようとしています。同時に、転換につきものの混乱、混沌《こんとん》も見られます。先行きがしっかりとは見えない。こういうときには、ともすれば暗いほうに目がいき、悲観論が頭をもたげがちです。最近、時代の閉塞《へいそく》感をしきりに強調する議論が行われたりしていますが、それも転換期の表れでしょう。

しかし、こういう時期だからこそ、「一小燈、一隅を照らす」の言葉を胸に刻みたいものです。一人ひとりがこの生き方を実践すれば、必ず希望の光が見えてくるのです。

世界各地で地震などの自然災害が絶えません。日本でもこれまでに阪神・淡路大震災や新潟県中越地震がありました。

私には阪神・淡路大震災の記憶が鮮烈ですが、被災者とボランティアが見事な連携を取って救援や復興に立ち向かっていく姿は、感動的でありました。火事場泥棒的な行為は見られませんでした。もっとも火事場泥棒という言葉があるのですから、日本人はそういうことはまったくしないということではないでしょうが、ほとんど見られなかったことは確かです。

そうした一見目立たないところに、日本の伝統を思わないわけにはいきません。「一小燈、一隅を照らす」――この言葉が示す教えが、日本人一人ひとりの中に受け継がれ、DNAのように備わっているのでしょう。

先に歌舞伎の例で見たように、日本にはあらゆる分野にそれぞれの伝統があります。混迷する現代ではこの伝統の力がことに有効なのではないでしょうか。いま、日本は伝統を見直し、自覚し、称揚《しょうよう》しなければなりません。

転換期に遭遇して先行き不透明な時代には、特に「一小燈、一隅を照らす」

の精神が重要になると思います。日本人約一億二千万人余のうち、例えば一万人、いや、一千人でもいい、この精神をしっかり身につけて実践したならば、必ず明るい二十一世紀の光が差してくると思います。

「一小燈、一隅を照らす」

――一人ひとりは小さくとも、それぞれが一隅を照らす生き方を貫く。そうすれば、全体が明るくなり、世の中はよくなっていく。

卑しくなってはならない

作家逝く

作家の城山三郎さんが亡くなられたのは、平成十九（二〇〇七）年の三月でした。以来、空洞を胸に抱え込んだような思いでいます。

城山さんとは四十年近く、親交を結んできました。城山さんがにわかに衰えを見せるようになったのは、奥様が亡くなられてからでした。その落胆は大変に深いものでした。

もともと痩身《そうしん》でいらっしゃいましたが、それが一時期は体重四十キロを切るぐらいまでにお痩せになりました。城山さんとは年に三、四回、ゴルフを共にしておりました。いつも元気一杯でプレーされる城山さんが、しんどいと途中で切り上げられることもありました。強い絆《きずな》のご夫妻だっただけに、パートナーの喪失は心身共にダメージが大きかったのでしょう。

城山三郎さんの提唱した指導者の三高

日本興業銀行（現・みずほファイナンシャルグループ）の頭取をされ、経済同友会代表幹事でもあった中山素平《そへい》さんを囲む会があり、私も参加していたのですが、その会に城山さんも時々顔を出されていました。そこで含蓄のあるお話をされていたのが、強く印象に残っています。

当時、若い女性の間で三高ということがしきりに言われていました。高学歴、高収入、高身長。これが理想の結婚相手の条件、というわけです。

これに引っ掛けて、指導者にも三高がある、という話を城山さんがされたのです。

一つは高安定。経営者であれば、業績が安定していることは当然であり、経済の見方や経営理念が安定しなければなりません。どの分野であれ指導者は自分の座標軸がしっかりしていることが重要です。ぶれて安定しない指導者は通用しないでしょう。

二つ目は高感度。人間は安定するとそこに腰を据えてしまって、どうしても感度が鈍りがちです。だが、目まぐるしく状況や環境が変化する転換期の指導者は、どのような変化も感じ取る感性と好奇心、大きな変革に対応する経営力を備えていなければなりません。

三つ目は高淡泊《たんぱく》。自分が指導を担っている対象に淡泊ということではありません。経営の成果や市場への即応性、従業員や株主の満足度については強い情熱を持つことが必要です。しかし、成功した経営者に伴う名声や地位や権力、そして物欲に対しては、淡白な心を持つことが必要なのです。

指導者としての人間性を高めることにさらなる努力を重ね、世俗の成功に対して淡泊であることです。言い方を変えれば、雅《みやび》やかな理想を求めて俗望を捨てること、それが城山さんの指摘されていることです。

高安定、高感度、高淡泊、この三高を備えた人が自分の好む人物である、と城山さんは言い、中でも重要なのは卑ならざることであって、卑しい人間はそれだけで指導者の資格がない、と言い切っておられました。

城山さんはその作品『落日燃ゆ』で、二・二六事件後に首相になり、戦時下に外相を務め、A級戦犯として死刑になった広田弘毅《こうき》を描き、『粗にして野だが卑ではない』で戦前三井物産社長を務め、戦後は国鉄総裁になった石田禮助《れいすけ》を描いたのです。

私はこの三高のうち、特に高淡泊であることの大切さを自らの身をもって知りました。

昭和四十四（一九六九）年のことです。私は三十七歳にして日本青年会議所の会頭に就任することになりました。全国で三万人を超える組織の頂点に立つことは、私にとって素晴らしいチャンスでした。しかし一方で、それなりの功績を積まなくてはといささか性急になっていました。そして、なかなか自分の考える活動ができないことに焦り、苛立《いらだ》っていました。

そんなときに安岡正篤先生からいただいたのが「俗望を捨て、雅望に生きよ」という言葉でした。俗望とは小我にとらわれた我欲のこと、雅望とは大我に立つことですが、それだけでなく伸びやかで広々とした気分で理想を追い、理念を実践することです。

この言葉に感じ入った私は、努めてのどかな気分を保つようにしました。すると、いつの間にか活動が活気を帯び、私の願いである青年会議所の活性化が実現していたのです。

このときの経験から、私は高安定、高感度は必要だけれども、高淡白が最も重要だということに気づいたのです。

土光敏夫さんが喝破した官尊民卑の核心

リーダーたる者、卑しくなってはならない――城山さんの戒めは私にもよく分かります。

若いころの話です。こんな経験があるからです。私は友人に頼まれて、ある会社の社外取締役をしていました。ところが、その会社が倒産してしまったのです。私は世間から非難を浴びることになりました。

取り引きがあった三菱銀行（現・三菱東京ＵＦＪ銀行）で、当時頭取を務められていた田實渉《たじつわたる》さんのところにもお詫びにうかがいました。

田實さんはこうアドバイスしてくださいました。

「脇の甘さはよくよく反省しなければならない。だが、君にはまだ卑しさがないからいい。その卑しさがないところだけは、今後も決して失ってはならない」

私が土光敏夫さんのもとで第二次臨調に関わっていたことは、先に述べました。土光さんは民間議員との打合せの席で、民間主導型の経済をつくるために行政改革の具体的な政策を討議しているとき、

「こういう議論が終わると、その日の夕方に自分の関係の深い官庁に行って、『今日、こういう話があった』と官におもねる民間人が一部にいる。官尊民卑《かんそんみんぴ》というけれど、これは官が尊大だからそうなるのではない。官に取り入ろうとする民の卑しい心が官尊民卑を招くのだ。諸君らも卑しい心を捨てて、民間主導の社会をつくることこそ、日本の将来のために必要なわれわれの使命だという心に徹してほしい」

とおっしゃいました。この土光さんの官尊民卑についての言葉は、胸に手を置いて聞きたい言葉です。

卑ならずという姿勢を貫くのは大変難しいことです。草創期には清貧を保ち、謙虚で、実に立派な指導者だった、という人がいます。この人がひとたび仕事に成功すると謙虚さを失い、卑しさを露呈してしまう。こういうケースは枚挙《まいきょ》にいとまがありません。順境にあって傲慢に陥らないことは、逆境にあって謙虚さを貫くよりも難しいことなのです。

リーダーたる者、卑しくなってはならない

（城山三郎）

平岩外四さんのこと

寡黙の人の意見表出

このごろ、お別れした多くの方々のことがしきりに思われます。素晴らしい方々とのご縁に恵まれたわが身の幸運に感謝せずにはいられません。

経団連元会長の平岩外四《がいし》さんもそういうお一人です。

平岩さんで思い出されること、印象に残ることは数多いのですが、あれはもう十三年ほど前になります。日仏関係強化のために立ち上げられた「日仏対話フォーラム」というのがありました。両国からそれぞれ七名ずつのメンバーで構成され、日本側は中曾根康弘《やすひろ》元総理を座長に各界の顔ぶれが揃《そろ》い、平岩さんもそのお一人でした。会談は都合六回開かれ、私もそのすべてに参加しました。

異文化の有識者との対話は、明快な意思表示が求められますが、ことにフランスはそれが際立つ国柄です。一方、平岩さんといえば、まず浮かぶのは寡黙なことです。自分の意見を押し出すようなことは好まれないお人柄です。

その平岩さんが、あるとき、日仏両国の歴史的な関わりを諄々《じゅんじゅん》と説き、重要なのは結果ではなく、その過程を大事にすることだと述べられました。国と国との関係は相手にどのような影響を与えるかではなく、お互いがどのように影響を交換するかが大切なのだと認識させられる、感銘深いお話でした。

決して能弁というのではありません。だが、腰の据わった話しぶりで、実に説得力がありました。フランス側の代表も、大いに共感を示していました。

私は平岩さんの奥深い人格に触れた思いで、新鮮な印象を覚えたものです。

ハードでジェントルだった平岩さんの生き方

平岩さんの見識は、その旺盛な読書欲によって培《つちか》われたものであることは間違いありません。読書量の多さ、奥深さ、幅の広さから、魅力がそこはかとなく滲《にじ》み出ていたのです。

好奇心の表れなのでしょう。平岩さんの読書は専門や好みに偏せず、あらゆる分野に触手を伸ばしていくのも特徴でした。

例えば、新しい感覚と風俗に溢れ、若い人に盛んにもてはやされる本が出ます。私などはせいぜい広告を斜め読みして、いまの若い人たちの間ではこういうのがはやっているのか、といった程度で過ぎてしまいます。ですが、平岩さんはそうではありません。きちんと読んでおられるのです。そういうことで驚かされることがしばしばでした。

文学についての造詣《ぞうけい》の深さも一流でした。文学に親しんでいることでは、財界で平岩さんの右に出る人はいないのではないでしょうか。

平岩さんがアメリカのハードボイルド作家、レイモンド・チャンドラーの言葉を座右の銘にしておられました。この言葉は、「強くなければ生きていけない。優しくなければ生きていく資格がない」と紹介されています。しかし、原文を見ると、ちょっとニュアンスが違うのです。

原文はこうです。

「If I wasn't hard, I wouldn't be alive. If I couldn't ever be gentle, I wouldn't deserve to be alive.」

（私がハードでなかったら、生きていられなかっただろう。私がずっとジェントルでなければ、生きる値打ちがなかったろう）

ハードには「冷静に強く」、ジェントルには「上品な」「穏やかな」といった意味合いがあります。平岩さんの生き方はまさにハードでジェントルだったなあ、と思わずにはいられません。

これは有名な話ですが、平岩さんが東京電力の社長に就任されたとき、師である安岡正篤先生から「四耐四不」の書を贈られました。平岩さんはそれを部屋に掲げ、拳々服膺《けんけんふくよう》されていました。

冷に耐え
苦に耐え
煩に耐え
閑に耐え
激せず
躁《さわ》がず

競わず
随《したが》わず
以《もっ》て大事をなすべし

私はこの中で、ことに「閑に耐え」と「随わず」が重要ではないかと思っていました。「冷」や「苦」や「煩」は自ずと人を真剣にさせ、努力に向かわせるものがあります。しかし、「閑」の身の処し方は大変に難しいと思うのです。人間の分かれ道、人生の分岐点はここにあるように思います。

そして、「随わず」。これは自分の考えを貫くことです。これこそ、人間としての基軸、核ではないでしょうか。

この二句があることによって、「四耐四不」は並の訓戒ではなく、人間の奥底に届く深みを持っているのだ、と私には思われました。

あるとき、私はこの考えを述べて、平岩さんのご意見を求めたことがあります。

「牛尾さんもそう思いますか」

そういう言い方で同意してくださった平岩さん。私との間に熱い共感が流れたことを、昨日のことのように思い出します。

世代差を超えて

平岩さんと私は年齢的には二世代も離れていました。しかし、そんなふうに感じたことはありませんでした。というのは、様々な問題で平岩さんとは共感し、共鳴する間柄だったからです。

私は年に二、三回は仕事や要件があってではなく、まったく個人的に平岩さんをお訪ねしていました。そんなとき、平岩さんはよく質問されたものでした。

「最近はどんな人がいいですか」

社会も組織も人物如何《いかん》で左右されます。人物を通して物事を洞察し、また、素晴らしい人物が陸続《りくぞく》することを願っていた、いかにも平岩さんらしい質問です。

私は、自分が注目している何人かの人物について話します。

「ああ、あの人はいいですね」

平岩さんから肯定的な反応が得られると、自分の評価に自信を持つことができました。

もちろん、反応がはかばかしくないこともあります。ですが、平岩さんは決して関心がないのでもないし、無視しているのでもありません。

次にお会いしたときに、

「あれは牛尾さんのおっしゃるとおりでした。なかなかの人物じゃないですか」

そんなふうにおっしゃることがしばしばでした。ご自分でちゃんと調べ、評価されているのです。

その平岩さんと私の評価が一致している人物がいました。数年前に亡くなられた藤波孝生さんです。

藤波さんは伊勢青年会議所から政界に入り、若くして中曾根内閣の官房長官を務め、将来の首相候補と目されていました。残念なことに、リクルート事件で政権の中枢を離れ、平成十五（二〇〇三）年に政界を引退されました。

「私は政治家として国対委員長、官房長官になるのが夢でした。自分程度の人間は、それが叶《かな》えられただけで十分です」

一片の未練も感じさせないおっしゃりようは、清々《すがすが》しいものでした。

藤波さんの娘婿は有能な官僚ですが、それを後継者になどとは微塵《みじん》も考えておられませんでした。自分の先輩がそのような考えだったら、いまの自分はなかった、だから自分も同じように処して、優秀な人物に道をひらくのだ、と考えておられたのです。平岩さんはこの藤波さんの人間性を愛し、私と三人でしばしば食事を囲んで励まし続けました。最後まで惜しまれていたのでしょう。

振り返ると、年齢や立場を超えて、平岩さんと私の間には濃密な人間的交流があったことに、いまさらのように気づきます。人間関係が希薄になっていく一方の昨今、このようなお付き合いを結べたことは、私の大きな幸せだったな、と思わずにはいられません。

●四耐四不

冷に耐え
苦に耐え
煩に耐え
閑に耐え
激せず
躁がず
競わず
随わず
以て大事をなすべし

天命を信じて人事を尽くす

創業二年目の危機

「人事を尽くして天命を待つ」

よく知られた格言です。ですが、私の体験に照らせば、

「天命を信じて人事を尽くす」

という言い方のほうがしっくりくる感じです。本当に厳しい状況の下では、天命を信じなければ人事は尽くせない、いや、天命を信じよう。そこで初めて

人事を尽くすことができる、ただ、後は祈るだけ、というのが若手経営者時代の私の実感でした。

昭和四十（一九六五）年でした。ウシオ電機を創業して二年目のことです。最大の取引先であった理研光学工業（現・リコー）が経営危機に陥ったのです。当時の社長であった市村清さんは社外活動にも積極的で、マスコミにもよく登場するスター経営者でした。

リコーは主力製品をカメラから複写機に転換しようとして、そこに経営を注力していました。ところが、複写機の大きな流通在庫をつくってしまったのです。それが危機の原因でした。

こうなると、ビジネスの世界ははっきりしたものです。取引先は潮が引くようにリコーから去っていきました。何しろ創業間もないウシオ電機最大の取引先が経営危機なのです。私も決断を迫られたのでした。

市村清さんへの恩義

私には市村さんに深い恩義がありました。私は亡き父が遺《のこ》した牛尾工業に入社しました。そしてほどなく、初商売をつけてもらったのが市村さんなのです。私は複写機の光源に使うランプをリコーに直接納入するようにしたいと考えました。そのことを相談するために、神戸銀行（現・三井住友銀行）の銀座支店を訪ねました。昭和三十三（一九五八）年のことです。

「坊ちゃんじゃありませんか」

声を掛けてきたのは、佐藤慎一支店長でした。実は、神戸銀行は父が公職追放になる前に副頭取を務めていたところで、そのころ、佐藤支店長は父の部下だったのです。私に記憶はありませんが、幼いころの私を見掛けているというのです。

私がリコーへの直接納入のことを話すと、佐藤支店長は直《ただ》ちに市村さんに引き合わせてくれました。それだけではありません。

「牛尾さんのおじいさんが頭取のときに入行し、自分が支店長になれたのは二代目のお父さんに引き立ててもらったおかげです。三代目にはこの恩返しがしたいのです」

と訴えてくれたのです。

「いいお話ではないですか」

それが市村さんのお返事でした。こうして商談はすぐに成立したのでした。

私の初商売とはいっても、祖父と父が遺してくれた人脈にただ乗っかっただけのことなのですが、その感激はやはりひとしおで、胸に深く刻まれることになりました。

しかし、牛尾工業の電機部門は不採算でした。過剰在庫、そして含み損を抱えていたのです。このため、これを本体から切り離し、独立することになったのがウシオ電機です。マイナスからの船出です。私は三十三歳でした。

私は赤字を克服し、軌道に乗せるために苦闘していました。その突破口となるのがリコーとの直接取引のはずでした。その矢先に肝心のリコーが窮地《きゅうち》に陥《おちい》ったのです。

悪いことは重なるものです。ウシオ電機のもう一つの大口取引先にN社がありました。映画館向けのランプを納めていました。そのN社もまた、経営難に陥ったのです。

当時のウシオ電機の売り上げの五割近くは、リコーとN社の二社で占めていました。事態はいよいよ切迫してきました。

天命は信じるに価する

どうすべきか——一夜、私は自宅で考え抜きました。あれこれと方策を巡らし、最後の最後に行き着いたのは、初商売をいただいた市村社長のために決断しよう。天命は、真剣に全力で取り組む者には必ず答えを出してくれる、それを信じて、自分がやるべきことをすべてやるだけだ、ということでした。天命を信じる――それはどこか祈りに似たものがありました。

最悪の場合でも、私財をはたけば従業員の退職金はなんとかなる。自分は丸裸になって、新しい自分の道を再出発だ。それもまた人生だろう――あれを不退転の決意というのでしょうか。そう思い定めたとき、私はすっきりした気持ちになっていました。

腹が決まって、私は市村さんを訪ねました。

「当社はリコーさんと最後までお付き合いします」

市村さんは私の手を握り、ポロポロと涙をこぼしました。

「ありがとう。ありがとう」

声を絞り出すようにして再建を誓ってくれました。

私はリコーのメインバンクの三菱銀行（現・三菱東京ＵＦＪ銀行）に行き、面識のあった田實渉頭取に面会してリコーへの支援を求めました。

私はリコーの将来性を述べ、こんなことも言いました。

「もし市村さんが倒れたら、自分が社長になってやり抜きますよ」

いま思い返しても顔が赤らみます。若気《わかげ》の至りとはこのことでしょう。しかし、わたしはそれだけ真剣で、懸命だったのです。

若気の至りでもなんでも、私の熱意は田實さんに届きました。これもまた真剣な表情で私の話に耳を傾けてくれ、支援を約束してくれたのです。

Ｎ社のメインバンクは住友銀行（現・三井住友銀行）でした。私は当時副頭取だった岩澤正二《まさじ》さんに面会し、Ｎ社への支援をお願いしました。そこで私は一つの約束をしました。万一の場合、Ｎ社の社員を当社が引き取るという約束です。こうして協力を得ることができました。

客観的に見て、両社再建の成否は五分五分というのが正確なところだったでしょう。ですが、私は迷わずに私の立場でできることはすべてやり続けました。真剣に、懸命に為すべきことを為していると、不思議と不安はなくなるものです。同時に先行きの方策も浮かんできます。

リコーは市村さんの奮闘で、三年で立ち直りました。N社はいささか困難がありましたが、従業員の半分を引き受けて新会社を設立、乗り切ることができました。そして、創業間もなく危機に見舞われたウシオ電機は赤字を克服、五年目に上場に漕ぎ着けることができました。すべては天命を信じて人事を尽くした結果です。

いま、アメリカに本社をおくウシオグループのクリスティ社は、3Dシネマ（＊P99・1）の本格化により、シネマコンプレックス（複合型映画館）を中心に急速に普及しているデジタルシネマプロジェクタ（＊P99・2）のトップメーカーです。この成功の土台となったものは、N社に代わって設立した小さな会社から始まりました。

「天命を信じて人事を尽くす」

――本当に厳しい状況の下では、天命を信じなければ人事は尽くせない、いや、天命を信じるからこそ人事を尽くすことができる。そして、祈る、というのが私の経営思想なのです。

＊１　３Ｄシネマ　右目と左目用に二つの映像を同時投影し、特殊メガネにより右目映像の場合は左目を遮断し、逆の場合は右目を遮断する。この左右の微妙な映像のズレ（視差）を脳内でひとつの映像として結像する際、物体間の距離や奥行きが立体（３Ｄ）として認識される。

＊２　デジタルシネマプロジェクタ　フィルムを必要としない映写機。数百万個の小さなミラーを配列したＤＭＤ（デジタルミラーデバイス）を介し、デジタルデータを高画質の映像に変換するため、その鮮明な画像は半永久的に劣化しない特性を持つ。

第三章

身を修める

長所短所を見極める

八勝七休の哲学

大相撲は十五番勝負で闘います。八勝すれば勝ち越しとなって、番付が上がります。

しかし、企業経営はそうはいきません。初日から十四連勝して優勝争いのトップを走っていても、千秋楽に一敗すれば倒産、ということになりかねません。

創業時はビジネスの規模が小さくとも、一勝一勝と重ねて十年、二十年とすると、取り引きのスケールも大きくなってきます。

ですが、これを喜んでばかりはいられません。スケールが大きくなったということは、一つの失敗で致命的なダメージを受ける可能性も高くなった、ということでもあるのです。

それでなくとも、情報化社会です。経営者は多種多様な情報に囲まれることになりました。その中には儲け話がいくつも転がっています。向こうから儲け話が舞い込んでもきます。

ついつい手を出したくなるのは人情です。ですが、一敗の重大さを忘れてはなりません。いくら魅力的な儲け話でも、いささかでも自信がない話、不安を感じる話は、見送る、休む勇気を持たなくてはなりません。

十四勝一敗よりも八勝七休で勝ち越すことが、企業経営の優れた行動様式なのです。

怠惰の表れ

株売買の世界では、「売り」「買い」を自重し、「休み」を取ってじっと機会を窺《うかが》う大切さが説かれます。

野球も同じです。くるストライクすべてに手を出しても、打てるものではありません。どんなに優れた打者でも、あらゆるコースを打てる、ということはないのです。必ず得意のコースというものがあります。そして、自分が得意とする球を待ち、そのコースにきた球は必ず打ち返す。これが優秀な打者の証明である打率三割をキープするコツ、ということになります。往年の巨人の大バッター、川上哲治一塁手はまさしくそれを実践した人だといわれています。

そのためには、自分が好きな球は何かを見極めなければなりません。自分の長所短所をとことん知ることが重要なのです。

人のことはよく見えても、自分のこととなると途端に分からなくなるのが人間というものです。自分が長所だと思っていることが、他の人から見ると短所であったり、逆に自分では短所と思い込んでいることが、他から見ると長所、というのはよくあることです。

リーダーが自分に対して率直に諫言《かんげん》する参謀を持つ必要があるのはそのためです。諫言、直言は自分を知るための何よりの鍛錬なのです。しかし、諫言、直言は耳が痛いし、不愉快な気持ちにもなります。そういうものはつい遠ざけ、心地いいことだけを聞きたくなります。そういう気持ちにさせる正体は、怠惰《たいだ》にほかなりません。

自分の周りにイエスマンだけを集めている人がいます。そういう人は怠惰な心に負け、自分の長所短所を見極める修業を怠っていると思って間違いはありません。

他によって自分を補う

ボクシングの選手は、大きく二つに分けられます。危険を冒《おか》して相手の懐《ふところ》に飛び込み、パンチを連打するインファイターと、フットワークで相手との距離を取り、隙《すき》を見て相手の弱点をカウンターパンチでピンポイントに攻めるアウトボクサーです。

日本は戦後、インファイター的な民間経営者とアウトボクサー的な官僚の組み合わせによって、奇跡と呼ばれる高度経済成長を実現しました。

一人の人間がインファイトとアウトボクシングを巧《たく》みに使いこなせるなら、言うことはありません。ですが、人間は器用に二つの生き方を使うことがなかなかできないものです。また、二つの生き方をときに応じて使い分けようとすると、往々にして中途半端になり、うまくいかないものです。

経営者、特に創業経営者は、インファイター的な個性の持ち主が多く見られます。こういう人がアウトボクサー的な補佐役を配して成功した例がたくさんあります。

自分の個性を見極め、自分に足りないところを他によって補うのは、賢明な方策といえます。そのためにも、自分を見詰め、自分の長所短所を見極める修業が重要です。

自分の周りにイエスマンだけを集めている人がいます。そういう人は怠惰な心に負け、自分の長所短所を見極める修業を怠っていると思って間違いはありません。

重きは軽く、軽きは重く

茶の湯の含蓄

父も私も裏千家の老分をしており、茶の湯とはいささか深いご縁があります。特に先代宗匠の千玄室《せんげんしつ》さんは私が会頭を務めた青年会議所の先輩の会頭ということもあり、三十年余にわたる親交を通じて、いろいろとご指導いただきました。青年会議所運動で様々な場所にご一緒することが多く、その折々に茶の湯にまつわる含蓄のあるお話を聞かせていただいたものです。

「相客に心せよ」

この言葉もそんな折にうかがったもので、印象に残っているものの一つです。多くの人に覚えがあると思いますが、例えば、招待されて結婚式に出席します。こういう場合、大概は肩書きによって席順が決められているものです。こういう場ではどうしても周りとの会話もぎこちなくなり、なんとなくつまらない気持ちが残る、ということが多いようです。

主宰者が出席者の人間関係に心配りして席を決めたら、どうでしょう。出席者同士が互いに相手に親しみの気持ちを持つことができれば、実に楽しく、出席してよかったという満足感が得られるものです。また、出席者も積極的に相客に話し掛けることが大事でしょう。

「刻限は早めに」

この作法などはビジネスに直結します。

私はうかがった作法や心得を実践してまいりました。些細《ささい》なことのようですが、こういう小事こそ大切にしなければなりません。

中山素平さんの「大事と小事」

『利休百首』は、千利休が茶の湯の心得をまとめたものです。その中にこういう言葉があります。

点前には重きを軽く
軽きをば重く扱ふあぢはひを知れ

重い物を持つときは軽い物を持つ気持ちで、軽い物を持つときは重い物を持つ気持ちで、ということです。

これと同じことをおっしゃっていたのが、日本興業銀行の頭取を務められた中山素平《そへい》さんです。「大事は軽く、小事は重く」というのが中山さんの言い方でした。

大事を前にすれば、誰もが緊張します。言われなくとも、真剣に取り組むことになります。しかし、その気負いが逆目《さかめ》に出る原因にもなります。力が入り過ぎてうまくいかないこともあります。ですから、肩の力を抜いて、自然体で取り組むようにするのがいい、というのが「軽く」の意味です。

これが小事となると、つまらないことと考え、疎《おろそ》かにしがちです。ですが、小事を疎かにしたために大事に響いてくることがしばしばです。小事こそ真剣に処するべきなのです。それが「重く」の意味です。

自らの言葉を実践してみせた桜田武さん

身に沁《し》みて役立つ言葉というのは、どこか似たところがあります。

一九七〇年代のことです。ニクソン・ショック、オイル・ショックに見舞われ、狂乱物価で日本経済は大混乱に陥りました。太田薫《かおる》さんが議長を務める総評（日本労働組合総評議会）は三十パーセントのベアを要求しました。

従業員の生活を考えれば、それもやむを得ないか、というのが多くの経営者の気持ちでした。そんな空気が強まったときに、われわれ若手の経営者に招集が掛かりました。呼び集めたのは、日経連会長として実業界を仕切り、財界四天王の一人といわれていた桜田武さんです。

桜田さんはこのように訴えられました。

「賃上げをしたい気持ちは分かる。しかし、いまの日本にとって一番恐いのはインフレだ。これだけはなんとしても避けたい。五年後、十年後を考えて、ここは賃上げを我慢してくれ」

桜田さんは自ら先頭に立って労働組合の幹部と膝《ひざ》を突き合わせて話し合い、翌々年はベアを十パーセント以下にすることでまとめられ、決着を見ました。

その結果、日本経済はインフレに陥ることなく再び成長路線に入ることが出来たのです。このときから日本は本物の労使協議が始まったといえるかもしれません。

「展望は遠く、視野は広く、考えは深く」

これは桜田さんが常々言われていたことです。それを見事に実践されたのです。

日々、さまざまな言葉に出合います。深く感じ入って胸に刻みつけます。しかし、それで分かったつもりになっているだけのことが多いのではないでしょうか。言葉は実践されなければなんの意味もありません。

実践に結びつけるためには、次の言葉の真意を噛《か》みしめてみるのもいいのではないでしょうか。

俳聖・松尾芭蕉がこう説いているのです。

古人の跡をもとめず
古人の求めたる所をもとめよ

●経営者の視点

「展望は遠く、視野は広く、考えは深く」

（桜田武）

不思議の勝ちを呼び込む

長所は短所

「勝ちに不思議の勝ちあり。負けに不思議の負けなし」

という古語があります。

失敗には必ず原因があります。それを分析して反省するのは、非常に大事なことです。

しかし、変化の激しい昨今の経営環境です。リーダーは失敗を反省しているばかりでは、不十分なのではないでしょうか。

実際、いま成功している企業を見ると、特に創業経営者の場合は、「不思議の勝ち」で成功しているところが多く見受けられます。なぜ不思議の勝ちを得ることができたのか。どうして不思議の勝ちを呼び込むことができたのか。これを考えることも、いまの時代には重要なのではないかと思います。

まず、自分の会社ならその特徴をしっかり把握することが最初です。特徴というのはそのときの状況によって、長所にも短所にもなるものです。業績のいいときには特徴を長所と捉えて積極的に伸ばし、業績が悪いときには特徴が短所になっていると考えて方向の転換を図ることが肝要です。

早く結果を求めるため、短所の是正と長所の伸展を同時に実行しようとしても、これは容易なことではありません。逆に、混乱のもとになるケースが見られます。今年は短所是正、来年は長所伸展と、テーマを絞って取り組むことが肝要です。

こういうこともあります。一般的に、若い経営者、歴史の浅い会社は長所伸展に力を注ぎ、経験豊富な経営者、伝統のある会社は短所是正に傾く傾向があります。このことを踏まえるのも、特徴を把握する一つです。

天の時、地の利、そして……孟子の教え

不思議の勝ちを呼び込むために、さらに考えておかなければならないことがあります。

「天の時は地の利に如《し》かず、地の利は人の和に如かず」

孟子の言葉がそれです。

天の時を掴《つか》むのは大変難しいことです。理論的に突き詰めてこれが正しいと確信しても、どう転がっていくかはやってみなければ分からないことです。理論的に突き詰めたものに祈りを込めた信念でぶつかっていく。天の時を得る極

意はこれしかないように思います。万全だとは思うが、どこかに穴があるかもしれない。本当に万全だろうか。そんな揺らぎがいささかでもあったら、天の時を得ることができないのは、確かなことです。

時流に乗っている。順風が吹いている。そういう分野や業種があります。まさに地の利を得ているといえるでしょう。

ですが、その分野や業種に参入した会社がすべて栄えているかといえば、そうではありません。単に時流に乗っている、順風が吹いているというだけでは勘所《かんどころ》を外すことになります。その時流とはどういうものなのか、順風とは何かをしっかり見極めることが大切です。

しかし、天の時、地の利を得ても、最終的な決め手となるのは人の和です。孟子の言葉もそのことをいっているのです。

人を巻き込む

人の和を得るポイントは、リーダーです。

リーダーがみんなをまとめて引っ張っていく。これが人の和の基本でしょう。しかし、これだけでは真の人の和を得ることはできません。厳しい局面が現れたとき、この程度の人の和では容易に崩れてしまいます。

いまの風潮として、全般的に組織への帰属意識が薄れています。一つの会社で骨を埋めるのではなく、よい条件があればそちらに移っていく、そんな気風があります。こういう現代だからこそ、一人ひとりに気配りする、目標を与えて引っ張っていく、といったことだけでは、十分なリーダーシップは発揮できなくなっています。

私の好きな相田みつをさんの作品に、「あの人」という詩があります。

あの人がゆくんじゃ
わたしはゆかない
あの人がゆくなら
私もゆく
あの人
あの人
わたしはどっちの
あの人か？

「あの人が行くなら、私も行く」

人にそう思わせる人でなければ、人を牽引して和を得、不思議の勝ちを呼び込むリーダーにはなれません。ことに現代はそうだと思います。

あの人が行くなら自分も行く、と人に思わせるもの、つまりinvolvement、人を巻き込む力が、不思議の勝ちを呼び込むこれからのリーダーには不可欠なのです。

人を巻き込む——その資質はリーダーの人格、人間性、すなわち人間力に帰結します。

そのためには、常に人格を向上させることです。人間性を磨くことです。不思議の勝ちを呼び込むには、身を修める以外にはありません。

「天の時は地の利に如かず、
地の利は人の和に如かず」
（孟子）

着眼大局、着手小局

大平正芳さんの造語

元総理の大平正芳さんには、生前に懇意にしていただきました。無類の読書家で、豊かな教養人でありました。

「着々寸進洋々万里」

これは大平さんが通産大臣時代に揮毫された言葉です。地道に一寸ずつ進んでゆけば、万里に値するほど長い行程を辿れるでしょうということです。

当時、国際社会ではインドのネール首相やエジプトのナセル大統領が華々しい外交を展開し、注目を集めていました。それに比べると日本はかすみがちで、そのことを批判する新聞の論調なども見られたものです。

このことについて大平さんは、

「日本のリーダーにネールやナセルみたいになれと言っても、まるで無理なことだよ。華々しい活動で目立つことだけが外交ではありません。地味な約束でも一つひとつきちんと守り、実行することで、誠実な国だと信頼を得ていくのが本当の外交であり、日本はその道を行くべきです」

と話されていました。「着々寸進洋々万里」はそういう気持ちを表されたのでしょう。

いまになってみると、この正しさがよく分かります。

例えば、ネールです。反米親ソの非同盟、中立路線を推進しましたが、インドは経済的には大変な苦境に陥ってしまいました。日本は軽武装、自由経済の原則を採《と》り、誠実にその路線を進めた結果、奇跡の成長を遂げることができました。

大局を見通す

大平さんの言葉とよく似た有名な格言に、

「着眼大局、着手小局」

があります。

囲碁の勝負は終盤の詰めが大切ですが、大局観を持ってそこに向かって序盤を着実に布石していけば、終盤の展開も楽になって、勝ちを掴むことができます。そのことを表す言葉です。

二十一世紀になって、時代の荒波が押し寄せてきています。これからはこの言葉がますます重要になってくると思います。

日本はすでに人口減少の時代に入りました。このままの少子化が進めば、二〇五〇年に日本の人口が一億人を下回ることは、はっきりと見えてきています。この事実は一つの大局です。

当然、人口減少に歯止めを掛ける施策が行われなければなりません。同時に、人口が減ってもいまと同じ水準の生産性を保つ方策も必要です。

もう一つの大局として、資源問題、環境問題があります。南北両極の氷が溶けるといった温暖化の現象が目に見える形で現れてきています。残り少ない石油資源を大切に使うと同時に代替エネルギーの開発を急ぎ、またＣＯ２の排出をいかに抑えるかが、緊急の課題となっています。

これらの大局は早くから予見されたことでした。

これに日本はどう対処してきたか。例えば、オイル・ショックです。日本経済はこれを契機に重厚長大から軽薄短小へと産業構造の転換を図り、これを乗り切ったばかりか、構築した軽薄短小の産業構造を次の成長のステップにしていきました。そのおかげでいまの日本のエネルギー効率はオイル・ショック時の四倍にもなっています。多少の原油高などではびくともしない強さを備えています。

しかし、軽薄短小の先にある大局を十分に見通していたとはいえないようです。その先にあるのは情報経済です。一九九〇年代に入ると、軽薄短小の構造で走っていた日本経済に陰《かげ》りが見えてきたのはその表れです。そしていまもなお、明確な展望を見いだしているとはいえないようです。

自主判断、自助努力、自己責任

しかし、人口減少、環境問題、情報経済といった大局は見えているのです。いま着手すべき小局はそこにあるのです。

具体的にはどうすべきなのか。

サラリーマン時代、私が上司から厳しく教えられたのは、復唱、復命の大切さでした。

「この書類をA社に届けてくれ」

と上司に命じられます。

返事は「はい」でも、「行ってきます」でも駄目です。

「はい、分かりました。この書類をA社に持ってまいります」

ときちんと復唱して、仕事を確認することが求められました。

用事を終えて戻れば、

「担当の〇〇さんにお渡ししてまいりました」

あるいは、

「担当者が不在だったので、同じ課の××さんに預けてまいりました。のちほど、〇〇さんに渡していただいたかどうか、確認の連絡を入れます」

連絡した結果も報告します。

このように、途中経過も含めて必ず復命することを教えられました。

いま着手すべき小局とは、これではないかと思います。なんだか問題からずれているように感じられるかもしれませんが、決してそうではありません。

情報化時代の特徴は、すべてが匿名性の陰に隠れがちになることです。その結果、どうしても責任の所在が不明確になります。

それを救うのは、仕事の基本中の基本を確実に実行することです。復唱、復命は基本中の基本です。これを確実に実行すると、身についてくるものがあります。「自主判断」「自助努力」「自己責任」の三つの「自」です。

大局に着眼して小局に着手するのに、個々人に求められるのはこの三つの「自」です。そのためには基本を愚直といってもいいほどに忠実に実行することです。小局をまず基本をもって着手する。これほど自主判断、自助努力、自己責任を養うものはありません。

それは言い換えれば、一人ひとりが人間として自立することでもあります。

現在ただいまは大局が見えていても、着眼といえるほどには見えていない、もう一つ輪郭《りんかく》がはっきりしない状態かもしれません。ですが、三つの「自」、つまり一人ひとりに自立心が養われれば、必ず明確な大局に着眼することができるはずです。

最近読んだ本に、出典は不明なのですが、こんな言葉が出ていました。

居ル所赫々《かっかく》ノ名ナキモ、
去リテ後、常ニ思ハル

その人がいるときにはその価値や業績がさほど評価されなくとも、後になってその偉大さが理解されてくる、という指導者がいます。在任中はそれほど目立たず、名指導者と思われない人です。

ところが、その人がいなくなると組織にぽっかり穴が空いたようになって、集団がぎくしゃくしてしまう。そのときに初めて、あの人がいなければだめだ、素晴らしいリーダーシップの人だった、と思われる。空気や水のように、平生はそのありがたみを感じなくても、なくなればその存在の必要性がしみじみとわかる、そんないぶし銀のような素晴らしい指導者がしばしばいます。

このようなさりげない指導者は

自主判断

自助努力

自己責任

この三つの「自」をしっかりと身につけており、「着眼大局、着手小局」の大切さを心得ている人です。

大局を見据えて、静かに方向性を修正する。各所で小局から着手して、必要な行動をとり続けることは、とりわけ指導者には欠かせない大事な資質です。

大局に着眼して小局に着手するのに、個々人に求められるのは三つの「自」（自主判断、自助努力、自己責任）。

第四章

経営への視点

子の驕気、多欲、態色、淫志、
いずれも子の身に益することなし

インターネットの普及

小泉政権当時の平成十四～十五（二〇〇二～三）年ごろのことです。私は首相が議長を務める意思決定機関である経済財政諮問会議に参加していました。そこで話し合った内容は、会議の後三、四時間後には担当大臣から発表され、そして三日後には議事録が、インターネット上に公開されました。国家の最高機関の議事録を誰もがリアルタイムで自由に閲覧できるということは、このときの日本が初めてだと思います。

国際金融市場はもっとスピードがあります。海外からの情報へ市場が反応するのに、インターネットが普及する以前は最低五日間はかかっていました。いまでは情報の即時処理が進んでいますから、わずか二十秒ほどで何兆円ものお金が動くようになっています。

総務省の発表によると、平成二十一（二〇〇九）年時点で、わが国のインターネット利用者数は九千四百八万人、普及率は七十八パーセント。また、アメリカの調査会社の発表では、二〇〇八年十二月の時点で十五歳以上の世界のインターネット利用者数は十億七七三万人となっています。

世界中の人がリアルタイムで膨大な情報を受け取り、発信する状況がすでに実現しているのです。

こうなると、以前は大組織と個人の情報力は圧倒的な差がありましたが、もうそのようなことはなくなります。組織の大小は関係ありません。誰もが必要な情報を自由に入手できるのです。すると、後は入手した情報を活用する能力が問題ということになります。能力が鋭く問われることになります。

これがインターネット時代というものです。社会が、世界がものすごいスピードで変わっていくのは当然、という思いを深くします。

身につまされた安岡正篤先生の教え

インターネットの普及は計り知れない恩恵をもたらしました。これは疑いようがありません。しかしその一方で、新しい問題を私たちに突きつけています。個人でも自由に情報が入手できるのです。勢い、大量の様々な情報に接することになります。まさに情報の洪水です。これは私たちの新たな興味や関心を喚起せずにはおきません。逆にいえば、新しいものへの関心や興味がなければ、インターネットを利用する必要はないわけです。新しい情報に接して刺激を受けるのは、人間として当然のことです。

そして、そこにこそインターネット時代の問題はあるのです。

以前、私が友人の会社の社外取締役になり、その会社が倒産して社会から批判を浴びたことは先述しました。

社外取締役に就任したのは頼まれたからではありますが、異業種の経営にタッチすることで視野が広がる。それによって経営判断の広がりが出てくる。そんな考えもありました。

それが批判を浴びる結果になり、苦境に立つことになったのです。

私は安岡正篤先生に相談にうかがいました。安岡先生は中国古典の『史記』にある老子と孔子の対話を私に示されました。

孔子が周の国を訪れ、老子に礼について教えを受けようとします。すると、老子はこう答えるのです。

「子《し》の驕気《きょうき》、多欲《たよく》、態色《たいしょく》、淫志《いんし》、いずれも子の身に益することなし」

驕気は自惚《うぬぼ》れです。多欲はなんにでも手を出すことです。態色はもったいぶることです。淫志は偏《かたよ》った志向を持つことです。これらのものはあなたの身にとってなんの益にもならないから、捨てなさい、と老子は孔子を諭《さと》したのです。

この話には胸を衝《つ》かれるものがありました。

人間、多様な経験を積めば、ことに経営者といったリーダーの立場なら、さらに多様で豊富な情報を手にすることになります。これが曲者《くせもの》なのです。情報は情報に過ぎないのに、何か自分を高める肥《こ》やしを吸収したような錯覚に、いつしか陥ります。

そこで顔を出すのが、老子が戒めた驕気、多欲、態色、淫志です。これらは自分で意識しなくとも、いつしか自分の中に巣くってしまうのが恐ろしいところです。そして、それと気がついたときには、のっぴきならない窮地に追い込まれている、ということになりかねません。

情報量が飛躍的に増大するインターネット時代は、経営者といった立場の人に限りません、誰もが情報を肥やしにしたつもりで自惚れ、興味や関心をそそられてあれもこれもと手を出し、もったいぶって気取り、それと知らずに偏った考えにはまってしまう恐れがあるということです。

豊富な情報量は知見を広め、視野を広げ、バランスのとれた判断に導いてくれるように思えますが、逆に狭量の世界に閉じ込められる可能性がある。これが情報に溺《おぼ》れるということなのでしょう。インターネット時代はそういう時代であることを、十分に認識しなければなりません。

収集した大量の情報を大胆に整理して捨てる。そして自分のインテリジェンスを加えて加工する。そこまで進化した情報が初めて経営に役立ってくるのではないでしょうか。情報をどんどん集積して、そして間引いて間引いて、いわゆる果決（＊Ｐ１４３）することが非常に大切な時代になりました。

●老子の戒め

「子の驕気、多欲、態色、淫志、いずれも子の身に益することなし」

（『史記』）

＊果決　陽明学者の張詠の言葉に「事に臨むに三つの難あり。能く見る、一なり。見て能く行う、二なり。当に行うべくんば必ず果決す、三なり」とある。すなわち、変化に対応するには三つの難しいことがある。一つは観察力、調査力であり、二つには実行力である。そして三つめは選択する決断と勇気であって、これを果決という。この果決について安岡先生は次のように説明されている。果物の木に花が十輪開いたとする。この花は受粉をすればどれも実をつけることができるが、すべてをそのまま実らせると小粒のものばかりになってしまう。そこで、どの花がもっとも見事な実を実らせるかを見極め、九輪の花を間引いて一輪だけを残す。これが果決である、と。果決とは蛮勇や剛勇といった粗雑なものではなく、きめ細かさを伴った決断と勇気を要するものである。

日本の長所に目を向けよ

目標設定能力の欠如

小泉政権時代、私が経済財政諮問会議に参加していたことは、先に述べました。アメリカはレーガン政権当時、ＭＩＴ（マサチューセッツ工科大学）と協力して、アメリカ経済の競争力回復の道筋を探りましたが、経済財政諮問会議もこれと似たことに取り組みました。東京大学工学部の小宮山宏教授（後の東京大学総長）を中心にプロジェクトチームを組んで、日本経済の問題点と再生の条件について、報告書をまとめていただいたのです。

これは見事に日本の問題点を衝いたものでした。そしてそれは、現在ただいまも有効だと私は思います。

小宮山レポートの中心となった問題指摘はこうでした。日本は、与えられた問題に挑戦し解決することは優れているが、自ら問題点を発見し、目標を設定して解決するという、目標設定解決能力に欠けている、ということです。

確かにそのとおりです。明治以降、日本は欧米先進諸国をモデルにして、そこに追いつくことに全力を注いできました。そこで発揮された、与えられた課題を解決する能力は、比類のないものだったということができます。

そして、課題は解決され、実現され、日本は世界の最先端に躍り出ることになりました。しかし、もうモデルはありません。

昨今、日本の経済状況は迷走しているかのようですが、これは問題を発見し、目標を設定する能力に欠ける表れ、といえるのかもしれません。

これは確かに日本の短所といえます。

完璧、集団、現場

しかし、私はあえていいたいと思います。それでもいいではないか、と。この言い方は多分に誤解を招きそうです。私は短所を短所のまま放置しておけ、といっているのではありません。短所は克服されなければなりません。先進国のモデルという目標を追いかけて、それを達成した日本です。短所の克服を目標にして全力を傾注すれば、それは可能でしょう。ですが、いまはそれをやっているときか、ということです。

なんであれ、物事には長所と短所があることは先に述べました。長所をさらに伸ばしながら短所を是正することができればいいのですが、なかなかそうはいきません。混乱を招き、二兎《と》を追う者、一兎を得ず、という結果になりがちです。

未熟な段階では長所を伸展させる、成熟したら短所を是正するのが有効です。いま、日本は長所を伸ばすことに専念すべきだと思います。というのは、現在の日本はまだまだ未熟な段階にある、と私は考えるからです。

先進国に位置し、世界第二位の経済大国である日本が未熟とは、異なことをいう、と思われるかもしれません。ですが、成長著しい中国は、近々GDPが日本を抜いて、世界第二位になることは確かです。といって、中国は成熟した国、といえるでしょうか。日本も中国も長い歴史を持ち、その伝統文化の成熟は大変なものですが、近代という物差しで測ってみると、早くから近代に突入した西欧に比べれば、まだまだ及ばない未熟な部分があります。日本が未熟な段階にあるというのは、そういう意味でなのです。

日本は西欧文化の優れた部分を認め、それを目標として挑戦するという長所

を、これからも伸ばすべきだと思います。いまはそこに専念すべきときなので
す。

いま、日本は一種の悲観主義に覆われて、日本の短所ばかりを指摘する議論
が横溢《おういつ》しているように思われます。ですが、いまはそのときではありません。
長所を伸ばすときなのです。

日本の長所に目を向けると、三つの特徴が浮かび上がってきます。「完璧主
義」「集団主義」、そして「現場主義」です。

完璧主義、これは例えば時間厳守の常識です。イベントを進行するときも分
毎にこだわる緻密な計画や、完成した商品のすり傷ひとつにもこだわる消費者、
そういったつくる側も買う側も完璧主義を評価する国柄が、メンテナンスフ
リーの商品をつくれるような基本理念となります。

現場主義、中枢部で議論を連日重ねるよりも、まず問題の起こった現場に集
まって、現場で対策を練る。つねに現場を重視するというのは、江戸時代以来、

日本社会の伝統でした。

集団主義、日本のお祭の神輿や、みんなで成功を分かち合うＴＱＣ運動など、日本人の伝統的、民族的本姓としての集団主義が特に二十世紀の奇跡の成長を支えました。

世界第二位の経済大国という観念が広まった結果、日本の長所の特徴であるこの三つの主義がいつの間にか崩れてしまっていた。ここに現在の日本の低迷、あるいは迷走の原因があるのかもしれません。最近しきりに起こる日本製品のリコール問題も、その表れなのでしょう。

完璧主義、集団主義、現場主義。日本の長所であるこの三つを、是非取り戻さなくてはなりません。もちろん、この三つは高度成長期のそれとは内容の質が変わっているかもしれません。二十一世紀にふさわしい質を備えた完璧主義、集団主義、現場主義を取り戻し、日本の長所としてしっかり身につけること、それが日本の再生に繋がると私は信じています。

長所をさらに伸ばしながら短所を是正することができればいいのですが、なかなかそうはいきません。未熟な段階では長所を伸展させる、成熟したら短所を是正するのが有効です。

大変化の時代を生き抜く

再び幸福論が求められる時代に

戦後、社会の価値観が激変する中で、私たち若い世代は、人生の意味や、日本の進むべき道について真剣に悩みました。活動的な人は共産主義に憧《あこが》れて全学連を立ち上げ、内省的な人は実存主義に共感を抱き、サルトルやカミュ、ゲオルギュといった人の本を熟読して思索を深めました。

私自身は後者の立場を取り、これからどう生きるべきかと模索を続けていました。京都に住んでいたこともあり、あるとき、龍安寺《りょうあんじ》の蹲踞《つくばい》に刻まれた「吾唯足知」（吾れ唯《ただ》足るを知る）の文字に出合い、目を開かれる思いがしました（次ページ参照）。

中央の四角い穴が四つの漢字の「口」の部分をそれぞれ兼ねており、大変ユニークな手水鉢《ちょうずばち》です。ないことを嘆かず、あるものに感謝する。私は、日本人の原点がこの四文字に凝縮されていることを教えられ、強く印象に残りました。日本人の心にこの四文字があったからこそ、高度成長の時期にもどこかでブレーキが掛かり、ある程度の健全性が保たれたのだと思うのです。

当時はまた、様々な幸福論も論じられました。武者小路実篤、亀井勝一郎、アラン、ショーペンハウアーといった人たちの本が盛んに読まれ、日本人の幸福のあり方が模索されましたが、貧しかった当時は結局、アメリカ並みの豊かな生活を手に入れることが当面の目標になったのです。

しかし、戦後六十年以上が過ぎ、時代はものから心の時代に移りました。日本は再び幸福論が必要なときを迎えたといえます。

これからの日本の重要テーマの一つが社会福祉です。高齢化が進む中、お年寄りの住居や食事を確保することに政策の力点が置かれていますが、それだけでは本当の社会福祉とはいえません。

人間の幸せというのは、生きる目的、使命感、志を持っていることや、誰かの役に立ち必要とされている実感、喜びや悲しみをともに分かち合ってくれる家族や仲間に恵まれていることが非常に大きな要素を占めると思います。人間の幸福についての理解がなければ、よい社会福祉政策も実現できません。「吾唯足知」という言葉も、その中で再び思い起こさなければならないでしょう。

高齢者マーケットの誕生

松尾芭蕉の次の句は有名です。

よくみれば薺《なづな》花さく垣ねかな

見馴れていて、いつも変わらない垣根。何気なく見過ごしてしまっている垣根。ですがよく見ると、なづなの可愛《かわい》い花が咲いていた、というのです。

停滞感というのでしょうか、閉塞感というのでしょうか。いまの日本は何か出口が見えないような、押し込められた悲観的気分に覆われています。

ですが、本当にそうなのでしょうか。松尾芭蕉のように、いつも何気なく見過ごしてしまっているものに、改めて注意の視線を注いでみたいものです。

いまの日本に大きく立ちふさがっているものに、少子高齢化の問題がありま す。確かに人口は減少期に入りました。人口が減れば、経済は縮小せざるを得ません。先行きの展望が開けない。しかし、これは本当のことなのでしょうか。

高齢者医療制度の改定に当たって、国は高齢者を前期高齢者と後期高齢者に分けました。この区分に従って高齢者をよく見てみると、新しい変化が出てきていることに気づくのは容易です。

六十五歳から七十五歳までを見てみましょう。この層は健康志向の高まりもあって、高齢者と呼ぶのが失礼なほど元気です。それに早期退職制度の浸透などで、豊かで、自分のために自由に使えるお金を相当に持っています。こうなると、新しいマーケットが生まれないはずはありません。

実際、海外旅行はこの世代の夫婦が圧倒的多数を占めているのです。すでに高齢者マーケットは動き出している、といえるでしょう。

これまでは、高齢者問題といえば介護や医療、という老人福祉の固定観念に縛《しば》られていました。ですが、これでは新しい需要を失ってしまうだけです。

出産、子育てが安心してできる社会システム

一方、人口の減少をこのまま放置していていいわけがありません。

一人の女性がその生涯に生む子供の数の平均値を合計特殊出生率といいます。普通、出生率といっているのはこの数字のことです。統計学上、合計特殊出生率が二・〇七だと人口が増えもせず減りもせずに現状が維持され、それ以上だと人口が増加し、それ以下だと減少する、とされています。

厚生労働省の報告では、二・一六だったベビーブームの一九七三年以来、出生率は過去最低となった二〇〇五年の一・二六まで一貫して減り続けました。そこからやや上向きますが、人口が増える二・〇七にははるかに遠く、人口減少が当然の数字です。

原因はなんでしょう。それは少子高齢化現象を含めた社会構造の変化です。女性の能力が求められ、女性が社会的に活躍する場が広がっています。この趨《すう》勢《せい》は今後も進むでしょう。

ところが、女性が安心して働けるシステムができていません。このことは保育所に入所できず待機している乳幼児の多さに端的に表れています。女性が結婚し、仕事も続け、安心して子供を生み育てることができる社会システムの構築が、絶対に不可欠です。

一方には、生活文化産業の発達で、独身でも何不自由なく暮らしていける環境ができています。子供を生み育てる困難さが一方にあるため、結婚を回避する状況が出現しているのです。

出産、子育てが安心してできる、教育を含めた社会システムの構築。これはこれからの日本がやらなければならない課題です。この課題に向かって、日本は元気を出していかなくてはなりません。日本人がこれから追求していくべき幸せとは何かについて、議論を深め、進むべき新たな道を見いだしていかなければなりません。

きめ細かな日本の新時代

ビジネスにも「薺花さく垣ね」は一杯あります。

インターネットによって商品を売買するマーケットが拡大しています。

こうなると、会社は地価の高い街中に店舗を構える必要はありません。地価の安い地方に倉庫を置くだけで十分です。商品説明や消費者教育のサービスを一切省けるから、プライスダウンも容易です。しかも商圏は全国、いや世界中なのです。インターネットは商業のあり方を一変させる可能性を持っています。

いつもの見馴れた垣根をよく見れば、ほかにも美しい花はいくつでも見つけることができます。

丹精込めてそばを打つ。ただし、打つのは一日百食だけ。それが売り切れたところでその日はお仕舞《しま》い。それ以上のお客がいても店仕舞いしてしまう。こんなそば屋が大変な人気を呼び、お客が殺到しています。それでも一日百食以上は絶対につくらない。その頑固さがまた受ける。こんな商売も出現しています。

かと思うと、車を自分では持たないカーシェアリングサービスが人気です。使いたいときだけ気軽に利用できる。わずらわしいメンテナンスも必要ない。最新のＥＶ（electric vehicle）がそろい環境にも優しいラインナップです。そんな多様性をもったサービスが受け入れられています。

これからの百年は、いや五十年は、これまでの千年にも匹敵《ひってき》するすさまじい変化を遂げるでしょう。これまでのパターンにとらわれず、変化をよく見ていけば、必ず新しいビジネスモデルが発見できるはずです。

きめ細かさは日本人の特技です。その意味で、二十一世紀はまた新しい日本の時代といえるのかもしれません。

よくみれば薺花さく垣ねかな

（芭蕉）

新しい成長プロセスへ

千利休の教える「守」の大切さ

規矩作法《きくさほう》守りつくして破るとも離るるとても本を忘るな

これは千利休が遺《のこ》した茶道の極意の一つです。

求道のプロセスには、「守」（基本）、「破」（応用）、「離」（自分自身のオリジナリティー）の段階があることは、よく知られています。これは茶道に限りません。あらゆる芸道を通じて説かれていることです。

その中でとりわけ重要な大本である「守」の大切さを利休はいっているのです。

歌舞伎では伝統的な所作が身につくまで、十年はかかるといわれています。基本をしっかりと身につけなければ、次の「破」である応用の段階には進めない、ということです。

これは芸事の世界だけの話ではありません。社会や会社経営にも当てはまることです。

日本の「守」「破」「離」

江戸時代、儒教精神は深く社会に浸透していました。これが社会の規範でした。そこへ異なる考え方を導入して既存の秩序を破り、新しい日本を確立したのが明治維新です。

先の大戦後、日本は戦争中の軍国主義、独裁的な統治体制を反省し、主権在民、アメリカ型民主主義、近代主義を採り入れ、新しい戦後体制の哲学を懸命に学びました。そして、昭和二十（一九四五）年から四十年に至るまでの約二十年間で、政治的分権、経済的分権、開国という新しい体制が保守の論理として確立されました。

長い期間が近代日本の「守」であったといえましょう。

この基本に立って、日本は「破」の段階に進むことになります。思い切った合理化、生産性の向上、近代化を実践し、高度成長を招き寄せたのです。これは世界に類のない「破」の段階でした。そこでは、日本人の持つ完璧主義、集団主義、現場主義の特徴が遺憾《いかん》なく発揮されました。

その後も日本の企業集団は、日本経済の基本を忘れず、常に技術革新を求め、生産技術を深めてきました。その結果、日本の商品は技術革新と創造力だけでなく、ずば抜けた品質の高さで世界の信頼を得ることができました。

世界に先駆けて

しかし、時代は二十一世紀という新しいステージに移り、十年がたちました。日本の新しい生き筋を見いだして歩み出さなくてはなりません。

そのためには経営者がイノベーション精神を持ち続け、人間世界に必要なイノベーションに邁進《まいしん》する決意を持つこと、これが何よりの前提です。

同時に、日本はマイナスの要素を抱えていることも忘れてはなりません。少子化による人口減少とそれに伴う社会の停滞がその一つです。物質の豊かさによる社会のゆるみ、いわゆる先進国病の一面も現れています。豊かな時代になって教育が目的を失いつつある、ということもあります。

これらは新時代に挑戦しなければならない日本の課題です。目標を見定め、一つひとつ解決していくのです。

そして、日本が目指していくのは、自然と共存する新しい経済体制の確立です。人の心を尊重する進歩と調和。人間重視の資本主義の構築。これらを世界に先駆けてやるのです。

二十一世紀の日本は新しい成長プロセスは、いよいよ守、破、離の「破」から「離」へ、「離」から「守」へという最終プロセスに入り、当面は「離」がクローズアップされると思います。

「規矩作法守りつくして破るとも
離るるとても本を忘るな」
（千利休）

新時代のリーダーシップ

ケネディに学んだ「丘の上の町」に住む者の責任

アメリカのジョン・F・ケネディが大統領就任のためワシントンに向かう際、マサチューセッツ州議会で行ったスピーチで、植民地時代のマサチューセッツ初代総督ジョン・ウィンスロップの言葉を引用しました。

「アメリカは丘の上の町だ。世界中が混沌と激流にある中で、アメリカがどうするかを見ている。われわれが成功することが、世界を幸せにすることだ」

「丘の上の町」（a city upon a hill）には、四方から視線が集まります。したがって、その町に住む者は自らの一挙一動に常に意識を払い、選ばれた者の責任を果たしていかなければならない、とケネディは言っているのです。

こうした開かれた社会のリーダーシップは、情報開示が一段と進むこれからのＩＴ社会では、ますます重要になってきます。

二十一世紀に入り本格化してきたグローバリゼーションの流れを猛烈に加速させているのがＩＴ化です。

ＩＴ化は世界市場を一体化し、フラット化（＊Ｐ１７５・１）をもたらしました。ＩＴの進歩で世界中のコミュニケーションの質と量が高まり、国と国との障壁が消え、世界が急速に平らになって、同等の条件で競争が行われるようになったのです。

また、コモディティー化（＊Ｐ１７５・２）も進みました。つまり、優れた技術の普及によりどの企業の製品も性能が向上し、さらに製品の規格化、標準化、モジュール化などにより、競争の差別的優位性がなくなってきました。

その結果として、企業や地域、ひいては国を隔ててきた様々な境界が無力化していきます。いま世界で起こっているのは、まさにこれなのです。

三つの境界の排除

この境界の排除を、民主主義の基本として伝統的に推進してきた国がアメリカです。とりわけ、

レイス・フリー（race free 人種的差別の排除）

ジェンダー・フリー（gender free　性的差別の排除）

エイジ・フリー（age free　年齢的差別の排除）

の三つには敏感で、選挙運動の際、候補者の発言にこれらについての偏見が見られれば、必ず票が減るといわれているほどです。

バラク・オバマ大統領が選出される過程でも、それを裏づける出来事がありました。

民主党の予備選挙ではオバマ氏とヒラリー・クリントン氏が候補者を争いました。その過程でクリントン氏に黒人差別的な発言が飛び出し、世論の反発を受けました。最終的にはオバマ氏が民主党候補に選ばれ、まさにレース・フリーを象徴する結果となりました。

また、予備選に敗れたクリントン氏ですが、選挙を振り返って、「ここまで女性が支持されたのは歴史上初めてであり、大変満足している」とコメントしました。これによって、一躍クリントン氏はアメリカにおけるジェンダー・フリーのシンボルになりました。

一方の共和党は、七十一歳のジョン・マケイン氏を候補者に選びました。若い政治家が活躍する現在、年齢の壁を超えて候補者の座を勝ち取ったマケイン氏は、まさにエイジ・フリーの象徴といえましょう。

このように、オバマ大統領を生み出したアメリカは、三つの境界の排除を世界に強く印象づけ、新しい時代の息吹《いぶき》を感じさせました。

開かれた時代のリーダーシップ

一九五五年、私はカリフォルニア大学バークレー校に留学し、三つの貴重な学びを得ることができました。

一つは、フロンティア・スピリッツです。

留学した最初の学期、大学院でのグループディスカッションで私の発言は非常に高く評価されました。ところが、二学期に入ると、さほどの評価が得られなくなったのです。「一学期の君の発言は、実に個性的で新鮮だった。最近は英語も上手くなり、発言のまとまりはよくなったが、当初ほどの独自性、創造性がなくなった」と言うのです。たとえ粗削《あらけず》りでも、オリジナルな意見を述べる者は高く評価されるが、自分の意見を持たない者は相手にされない。そのとき私は、アメリカという国のフロンティア・スピリッツを強く実感したものでした。

二つ目は、アメリカ国民の倫理観、正義感の強さです。

駐車場に停めておいた車が、他の車に当て逃げされたとき、被害を受けた車のフロントガラスにメモが挟んであるのを私はしばしば見掛けました。メモには目撃者の連絡先と追突した車のナンバーが記してあり、必要であればいつでも証人になるというメッセージがしたためられていました。不正や困っている人を見ると黙っておられず、即それに対するアクションを起こす。キリスト教の精神に基づくそうした〝行動する正義感〟に私は深く感銘を受けました。

三つ目は、個人の主体性を重んじる文化です。

グループで食事をする際、日本人は右へならえで同じメニューを注文しがちですが、アメリカ人はそこで妥協せず、自分の食べたいものを注文します。それは、多様性を認める文化の上に成り立っているものです。

さらに大事なことは、この個人の主体性を重んじる人々がみんなで議論してみんなで決めたことはみんなで守ろうじゃないか、という民主主義のこころを共有していることです。

西欧社会の民主的な運営方法は会議の議事録にも表れています。不在者、少数者の権利を尊重して進行する、議論は多様性を認める、とことん議論してまとまらなければ、最後に多数決で決めるということです。

日本は二十世紀に、集団主義、現場主義、完璧主義で大きな成功を収めました。しかし、それはあくまでも閉じた社会のリーダーシップによるものでした。いま、時代は開かれた社会へと大きくシフトしました。日本がこれから開かれた社会へとリーダーシップを発揮していくに当たり、アメリカから学ぶべきことが大いにあります。

すなわち、いま日本に求められるのは、開かれた民主主義であり、行動を伴った社会正義なのです。言い換えれば、一人ひとりが主体性を持ち、個性や創造力を発揮する社会を構築していくことが求められているのです。

この大転換期を日本がどう乗り切るか、世界中が注目しています。日本人は「丘の上の町」の自覚を持って、すべてをオープンに、目標設定からその道のりまできちんと説明しながら道を切り拓いていかなければなりません。

＊1　フラット化　ＩＴ技術の進歩により、世界中のコミュニケーションの量と質が飛躍的に高まった結果、経済のみならず、政治や文化にも極めて大きな影響が及び、国と国との障壁が消え、世界が急速に「平ら」になり同等な条件で競争を行う時代に入りつつあるという理論。アメリカのジャーナリスト、トーマス・フリードマンが自著の中で提唱。

＊2　コモディティー化　技術の普及、他社製品の機能向上、製品の規格化、標準化、モジュール化などにより商品間の競争において差別的優位性を失い、主に価格や量を判断基準に売買が行われるようになり、商品が低価格化・汎用品化すること。最近頻繁に使われるビジネス用語。

エピローグ　自分の時間をどう使うか

成功は常に苦心の日に在り

　ウシオ電機の創業期は多難の連続でした。会社を立ち上げたのが昭和三十九（一九六四）年。ところが、前にも述べたように、その翌年に大口顧客の経営が相次いで傾き、当社は早くも経営危機に瀕《ひん》しました。しかし懸命に対処してこれを切り抜け、四十五年には上場を果たすことができました。

先人の言葉に、

「成功は常に苦心の日に在り。

敗事は多く得意の時に因《よ》ることを覚えるべし」

とあります。

順境のときに躓《つまず》きの芽があること、逆境に陥っても心掛け次第でそれを成功への転機にできることが説かれています。

私が早期に上場を果たすことができた要因の一つとして、経営危機に懸命に対処しつつも、当時加入していた青年会議所の活動を最後まで全《まっと》うしたことが挙げられると思います。

父親が生前、神戸の青年会議所設立をバックアップしたことから、私は神戸、そして東京の青年会議所に加入しました。それまで経営の勉強をする機会がなかったので、私は青年会議所のセミナーを通じて経営者としての素養を磨くとともに、日本各地の青年会議所メンバーと交流し、切磋琢磨《せっさたくま》しました。そして上場前年の四十四年には日本青年会議所の会頭を務めました。

多難な創業期の青年会議所活動は、まさに命懸けでやり抜いたというのが実感です。しかしその体験は、計り知れない果実をもたらしてくれました。

経営に過度に没入すると周りが見えなくなりがちですが、青年会議所活動を通じて視野が広がり、経営者として不可欠なバランス感覚や、グローバルに開けた常識を身につけることができました。後の飛躍の大きな土台を築くことができ、「成功は常に苦心の日に在り」という言葉をしみじみと実感したものです。

無所属の時間

経営は、そこにどれだけの時間を投入したかによって決まるものです。しかし私は、青年会議所を卒業した後も多数の公職に携わり、経営との両立を図ってきました。私にそれができたのは、自分なりの時間の哲学を持っていたからです。

一日に使える時間は、睡眠や食事など生活に必要な時間を差し引くと、十四時間あります。一週間で約百時間とすれば、一年は約五十週間なので五千時間ほどになります。

ビジネスマンの一般的な労働時間はこのうち二千時間程度ですから、自分で管理できる時間は年間三千時間もあります。多くの人は、この三千時間をどう使うかということが不明確なために、ただ忙しいという感覚だけで無為に時間を費やしてしまうのです。

私は自分の使う時間を、情報をインプットする時間とアウトプットする時間、仕事の時間とプライベートの時間、プライベートの中でも勉強する時間と純粋に楽しむ時間に色分けして手帳に記し、それらのバランスを常にチェックしています。

経営の重責を担っている以上、仕事に費やす時間が年間二千五百時間、三千時間に達することも当然あります。経営者に限らず、仕事で何かを為そうというのであれば、当然多くの時間を投入すべきでしょう。それでも私は、五千時間の自分の時間を常にしっかりとデザインしていたので、経営以外にも様々なことに従事することができたのです。

五十歳を過ぎてからは、「無所属の時間」を意識するようになりました。これは作家の城山三郎さんの言葉で、人は会社や団体など、どこの組織にも属さない無所属の時間を持ち、そこでどう生き直すかを自身に問わなければならない。それが人間の大きさをつくるというのです。

私自身も、経営以外の時間に、悲しみ、苦しみ、大きな感動、感激を味わい、多様で彩《いろど》り豊かな体験をすることが、経営にもプラスになることを実感しています。

与えられた楽譜でいかに演奏するか

仕事に追われ、自分の時間が持てないと嘆く人はたくさんいますが、実は一人ひとりが毎日、自分の個性をどう生かし、与えられた時間をいかに使うかということを試されているのです。音楽にたとえるなら、楽譜を渡され、自由に演奏してみなさいと言われているようなものなのです。

時間とは音符のようなものです。

例えば、ベートーヴェンの『運命』。有名な交響曲の出だしは「ジャジャジャジャーン　ジャジャジャジャーン」で始まります。

あの出だしの音符は一つですが、小澤征爾《せいじ》が指揮するのと、カラヤン、バーンスタイン、フルトヴェングラーが指揮するのとでは、演奏時間も曲の強弱もまったく違います。同じ音符でありながら、まったく違ったフィーリングの曲が奏《かな》でられるのです。

人生の時間もまた音符のように、生きる人によって、同じ時間でありながら、そこに描き出される様相はまったく違ったものになる、ということです。

自分に与えられた時間をどう生かし、何を創造するかはその人次第。流れる時間は有意義なものにも、無益なものにもなります。一人ひとりが人事を尽くし、豊かな人生を築いていただきたいものです。

「時間は音符である」

◉特別対談／數土文夫・牛尾治朗

学び続けるリーダーこそ道をひらく

数土文夫（すど・ふみお）

昭和十六年富山県生まれ。三十九年北海道大学工学部卒業、川崎製鉄入社。常務、副社長を経て、平成十三年社長に就任。十四年ＮＫＫと経営統合し持ち株会社ＪＦＥホールディングスを設立し、非常勤取締役に就任。十五年ＪＦＥホールディングス傘下の事業再編によりＪＦＥスチールを設立、初代社長に就任。十七年ＪＦＥホールディングス社長。経済同友会副代表幹事。

忍耐のとき

數土　大先輩の牛尾さんとは、かねてから一度じっくりお話をしたいと考えていました。きょうはお会いできてとても嬉しく思います。

牛尾　私も楽しみにしていました。

お忙しいのでしょうね。鉄鋼の注文が増えていて、今後も雇用を維持すると発表されたのを拝見しましたよ。

數土　不透明な部分は多いですけれどもね。いまは世界恐慌が起きた一九二九年の翌年、一九三〇年と同じところに位置しているんじゃないかと私は見ているんです。一九二九年には株価がドーンと落ちましたが、ＧＤＰの伸び率は約六パーセントのマイナスに止まりました。ところがその翌年から二年続けて約十二パーセントのマ

數土文夫氏

イナスになってしまいました。

　ですからリーマン・ショックから二年たった、この二〇一〇年が境目になります。ただ一九三〇年と違うのは、中国、インド、ブラジルと、急成長を遂げている大国が三つもあるということです。

牛尾　最近はこれにインドネシアと南アフリカも加わりましたしね。

　それからあのときと大きく異なるのは、ＩＴによって情報伝達のスピードが飛躍的に高まって、グローバル化に一層拍車が掛かったことです。一九九七年の金融ショックでは、タイでバーツが暴落してそれが日本に波及してくるまで四か月かかりました。しかし今度の世界不況は、リーマン・ショックが起きて、わずか三、四日以内に世界中の需要が収縮しました。十二年でそれだけ違うんですね。

數土　おっしゃるとおりです。

牛尾　また今回、中国だけは他国を尻目に二か月くらいで新たな需

要が出始めました。独裁国家型の資本主義だから、こういうときは強いですね。薄型のテレビを大量につくって農村に売り出すなどといったことを、二、三週間で決めて実行しています。自動車道路にしても、二〇〇八年だけで日本列島に匹敵するくらいの距離をつくってしまいましたし、今年は景気対策でもっとつくるそうですよ。彼らはそういう大がかりな施策を、わずか一週間くらいで決めてどんどん実行しています。

數土　ロシアやブラジルなどもそうですね。

牛尾　しがらみがあって一年たっても物事が決まらない日本とは大きな差がついていきます。

しかも日本は、この一番大事なときに政権が交代しましたから、意思決定にこれまで以上に時間がかかっています。四月くらいまではいろんなことが決定できないと思いますから、その分また遅れますね。

數土　そこを私は逆に、日本人が忍耐ということを覚えるには非常にいい機会だと思うんです。

牛尾　そういうふうに取るのであれば、日本はまだ景気の底を打っていませんから、本当の忍耐が試されるのはこれからですね。

復元力を引き出せ

牛尾　數土さんは終戦のとき、おいくつでしたか。

數土　私は昭和十六年生まれですから、まだ四歳でした。

牛尾　私は中学三年生でした。あのときは本当に食べるものはないし、寒くなっても着るものはないし、住まいもないしで本当に貧しかった。そこで進駐軍の大改革が行われた後、日本人はアメリカのような文明社会を目指そうということで、まず吉田政権が軽武装、経済重視という選択をした。その後池田内閣が所得倍増計画を出して、本当にそのとおりになった。まさにどん底から奇跡の復興を遂げたわけです。

いまの日本もあのときみたいに底を打たないと、本当の意味で回復はしないと思うんです。底まで落ちたときに日本人というのは立派になるんです。

數土　やはりそういう「復元力」を持たせることを考えなければなりませんね。中途半端な緩和策では駄目です。一回倒れないと復元力というのは発揮されませんから。それをいまは、一人でも倒れたら駄目という発想に立っているからおかしくなるんです。

牛尾　明治維新のときは士農工商の階級を崩して、士族階級は九十パーセント失業しましたからね。偉いのはそのときのリーダーが欧米に二年間視察に行っていることです。

數土　岩倉使節団ですね。

牛尾　あのときに岩倉具視の書いたものを見ると、向こうで強烈なショックを受けていて、日本は士農工商くらいのことで文句を言っている場合ではないと。どんどん近代化を進めていかなければならないから、日本には特殊事情があるから無理だなどとは、くれぐれも言うまじき候《そうろう》と記してありますね。

數土　日本に帰る途中から、それればかり繰り返していたようですね。

幸いそのときの日本の識字率は相当高くて、それが新しい社会をつくっていく上で大きな力になったことは確かです。これは日本中に一万五千あったといわれる寺子屋の教育によるものだったというのは、素晴らしいことだと思います。

牛尾　安岡正篤先生から聞いたんですが、伊藤博文が明治五、六年ごろ中国を訪問したとき、その古典の知識と見識の高さに、向こうの官僚が驚嘆したそうです。日本というのはすごい国だと。

明治維新は、伊藤のような下級武士出身の優れた人材が維新前から頑張って改革に取り組んで、憲法や教育勅語ができるまでに三十年かかっています。戦後も廃墟の中から社会が安定するまでには、やはりそのくらいかかっている。ですからどん底から改革が完成するまでには、三十年かかるんです。

西山彌太郎さんの三つの教え

牛尾　數土さんを最初に紹介してくれたのは、通産省の河野博文さんでしたね。私と同じ東大ヨット部出身の彼から、おもしろい人がいると。お会いしてみたら、數土さんも私も川崎製鉄初代社長の西

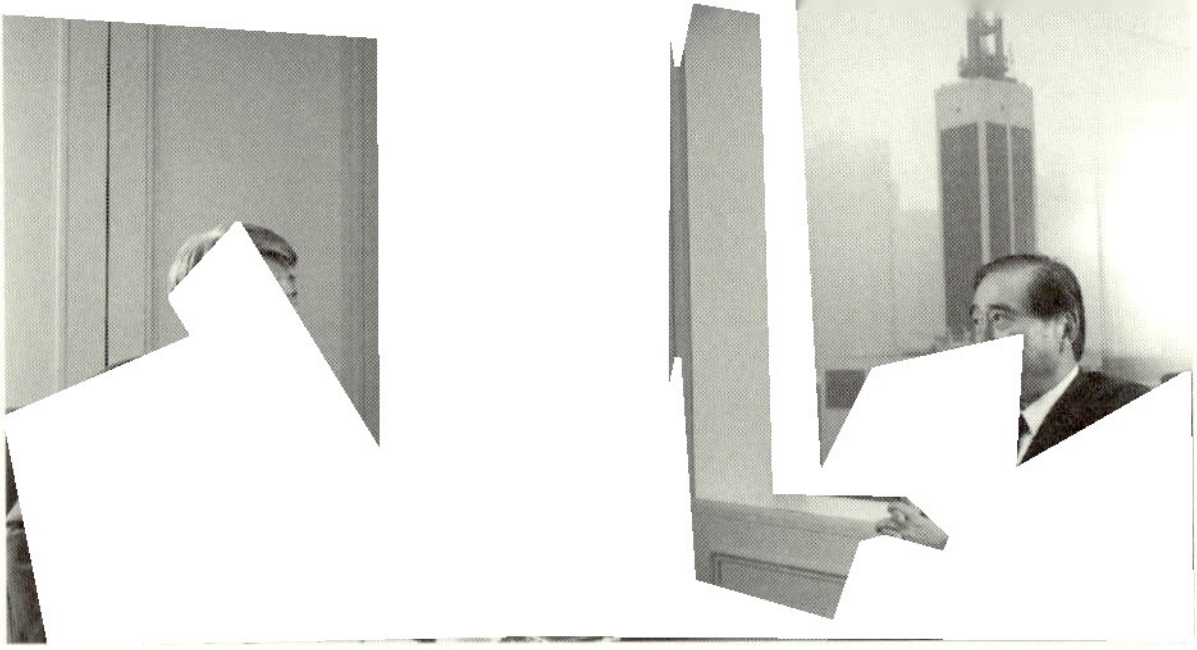

山彌太郎《やたろう》さんを尊敬していることが分かって、意気投合しましたね。

數土　私が尊敬する人を、牛尾さんも高く評価しておられるので、とても嬉しく思いました。西山さんは、私が川崎製鉄に入社した二年後の昭和四十一年に亡くなりましたが、牛尾さんとはどういうご縁だったのですか。

牛尾　父が神戸の経営者同士で西山さんと仲がよかったので、私が東京銀行の神戸支店に勤務していたときに二回ほどお訪ねしたんです。昭和二十九年、三十年で、当時の川崎製鉄は、工場は大変立派だったけれども、社長室はとても質素でね。西山さんはそれを誇りにしていて「製造業というのは、機械にはお金を掛けるけれども、事務所にお金を掛ける必要はない。人材がおればいいんだ」と。四十分くらいの面会でしたが、そういうことを若い私に真剣にしゃべってくれるんです。本当に魅力的な人でした。

數土　私が入社した昭和三十九年は不景気で、例年二百〜三百人採用する新卒を六十人しか採りませんでした。当時西山さんは七十歳でしたが、われわれの間近なところに座ってお孫さんを諭すように諄々《じゅんじゅん》と語り聞かせてもらった訓辞は、いまも鮮明に記憶に残っています。

牛尾　どんなお話だったのですか。

數土　一つは、会議があるときには必ず五分前にきて、何をしゃべるか、何を聞くか、よく考えた上で参加しなさいと。

二つ目は、スペシャリストというのは最初からはいない。最初は誰でも素人《しろうと》なんだと。いまはいろんな本が出ているから、三か月一所懸命勉強したら、大学で勉強したのと同じくらいの知識を得られてスペシャリストの端くれになれる。だからしっかり勉強しなさい。

三つ目は、新入社員の六十人のうち四十人は技術屋だったんですが、技術屋でも人に会え。人に会って話を聞きなさいと。この三つでした。

牛尾　やっぱり西山さんという人は、戦後に自ら立ち上がった人だから、確固たる経営哲学を持っておられたんですよ。

千葉に工場を造ろうとしたときには、当時の金融引き締め策に逆行する巨額投資だというので日銀から大反対されて、時の一万田《いちまだ》総裁から「建設を強行するなら、ぺんぺん草を生やしてやる」とまで言われたんですね。そのころの川崎製鉄というのは業界でも五、六番手ぐらいで、川鉄ごときが千葉に出るなぞ冗談じゃないと。けれどもぺんぺん草は生えなかった。

數土　よくご存じですね。

一万田総裁が相手にしてくれないものだから、西山さんは世界銀行のブラック総裁にかけ合って、二千万ドルの融資を取りつけて千葉製鉄所をつくりました。
すごいと思うのは、西山さんはそのとき、会社のオーナーでもなんでもなかった。大学生のころから新製鉄所構想を温め、四十代のころには構想の全体をほぼ固めていたと思います。そして、川崎重工業から川崎製鉄を分離独立させ、製鉄所の建設を敢然《かんぜん》と実行に移した。決して、川崎重工の社長が主導的役割を果たしたのではないのです。そういう中で千葉に製鉄所を造ったというのだから、恐ろしい人もいたものです。

牛尾　その川崎製鉄が日本鋼管（ＮＫＫ）と合併して、いまや新日鐵と二社体制です。そして西山イズムを受け継いだ數土さんが社長をやっているというのは、本当に嬉しいですね。

古典に学んだ普遍の真理

數土　影響を受けた人物ということでは、この対談に先立って贈っていただいた牛尾さんのご著書『わが人生に刻む30の言葉』（致知出版社刊）には、安岡正篤先生とのご親交にも触れておられましたね。私も安岡先生の本は若いころからよく読んできましたが、あれだけの人と直接親交があったというのはすごいことです。

牛尾　祖父の代からの付き合いでしたからね。

數土　安岡先生の本では、人間の心の持ちようや挙措《きょそ》動作、出処進退のあり方といったことが非常によく説かれていて勉強になります。私も含めていまの政治家や経営者は、もう少しそういった人間とはなんぞや、あるいは歴史とはなんぞやといったことを勉強しなければならないことを実感させられます。

牛尾　私が數士さんを、経済同友会の副代表幹事に推薦したのは、技術畑なのにそうした素養をしっかり培《つちか》っておられることが分かるからです。お生まれは富山だそうですが、そのあたりのお話をきょうは聞かせていただけませんか。

數士　高校教師だった父が大変な読書家で、毎月給料の三分の一は本につぎ込んでいたものですから、家には日本や世界の文学全集から中国古典まで大量の本がありました。富山は雪深くて外で遊べない日も多いので、私は父の本を片っ端から読んだのです。トルストイの『復活』『アンナ・カレーニナ』『戦争と平和』、ドストエフスキーの『罪と罰』、『明治大正文学大全集』から田山花袋《かたい》や島崎藤村、中国古典では『史記』『十八史略』『資治通鑑《しじつがん》』『論語』『孫子』『宋《そう》名臣言行録《めいしんげんこうろく》』『貞観政要《じょうがんせいよう》』といったものに中学生のころから親しんでいたんです。

牛尾　それはいい環境で育たれましたね。

數土　中でも中国古典が好きでしてね。読んでいて分かったのは、『論語』『宋名臣言行録』『貞観政要』は対話を通じて人間とはどうあるべきかを説いている。一方『史記』『十八史略』『資治通鑑』というのは歴史です。もう兄弟を殺していない皇帝なんかいないいくらいに血で血を洗うような治乱興亡を活写しています。中国古典はそうした様々な作品を通して、人間とは何か、歴史とは何かということを教えてくれるんですね。

それから、『論語』はまさに発明だと私は思っているんです。

牛尾　『論語』は発明ですか。

數土　はい。「巧言令色《こうげんれいしょく》　鮮《すくな》し仁」とか「朋《とも》あり遠方より来《きた》る、亦《また》楽しからずや」と書かれているけれど、二千五百年も前で遠くの人となかなか接触できない時代に、現代にも通用するそうした真理をどうやって掴んだのか。これを発明でなくてなんというのかと。人間の在り方、心の在り方、人間関係の在り方の神髄を、よくもあそこまで凝縮して書き残すことができたと思うと、感動を覚えずにはおられないんです。

枝葉末節でなく、根幹に触れる

牛尾　お若いころからそうした読書体験を積み重ねて、人格を練り上げてこられたわけですね。

數土　最初に興味を持ったのが『三国志』でした。私が小学五年生のとき、吉川英治の全集が毎月一巻ずつ刊行され始めたのを父が買ってきましてね。毎晩十二時ごろまで読んで枕元に置いてあるのを、そっと取ってきて明け方まで夢中で読んで、そのまま六キロの道のりを歩いて学校に行ったものです。何十回も読んだものですから、諸葛孔明《しょかつこうめい》の「出師表《すいしのひょう》」なんか全文覚えたくらいです。

吉川英治の小説がなぜおもしろいかといったら、人間とは何かというのを書いているからだと思うんです。

牛尾　確かに吉川英治というのはすごい人ですよ。実はその吉川さんが、安岡先生と刎頸《ふんけい》の仲だったんです。

數土　そうらしいですね。

安岡先生は中国古典の「修己治人《しゅうこちじん》」「経世済民《けいせいさいみん》」「応対辞令《おうたいじれい》」を、ご著書を通じて多くの日本人に説かれました。この功績は大変なものだと思います。

牛尾　私が初めて安岡先生とじっくり話をしたのは、就職の前でした。父から相談に行ってこいと言われましてね。

私は当時、実存主義やアメリカの大衆民主主義に魅了されていて、いつも東洋の古色蒼然《こしょくそうぜん》とした話をしている安岡先生は、戦いに敗れた伝統日本の象徴みたいな印象があって、正直言ってあまり好感を持っていなかったんです。

その安岡先生を前にして、東京銀行に行こうと思っていることや、父から相談してこいと言われてきたことなどを滔々《とうとう》としゃべったら、安岡先生は私のことをパッと見ましてね。この青年には修己治人なんか言ったってピンとこないと思ったんでしょう。英語を使ってこうおっしゃったんです。

「to do goodを考える前に、to be goodを目指しなさい」と。

この言葉に私はピタッとはまったんです。

數土　なるほど。

牛尾　東京銀行には自分の弟子が三人いて、人物も非常にいい。そういうところで働けば、「霧の中を歩めば、覚えざるに衣湿《ころもしめ》る」で、よい影響を受けて「to be good」が果たせるでしょうと言って、東銀の就職に賛成してくれたんです。

數土　その説明は見事ですね。

牛尾　相手を見て、この人間にはこういう言い方がいいなと判断して「to do good」「to be good」という横文字で説くというのは、応対辞令の最たるものですね。

安岡先生は私に対してはその後も二年くらい、オルテガがこう言ったとか、ツルゲーネフがどうだとか、西洋の事例を通して私にいろんなことを教えてくれました。ですから安岡先生という人は、中国古典だけじゃない。洋の東西を問わずあらゆることに精通していたんです。

數土　すごい方だったんですね。

牛尾　安岡先生は三島由紀夫にこんなことを言っているんです。あなたは西洋の文化をベースにものを書いているから、枝葉末節《しようまっせつ》にとらわれ過ぎると。東洋の哲学というのは根幹に触れるんです。根幹に触れて納得してから枝葉末節に入らないと安定しないんです、と説いていました。

數土　いいお話ですね。私も含めていまの政治家も経営者も、枝葉末節ばかりやって、根幹に触れることをしないのを痛感します。

牛尾　安岡先生という人は、前半生はなかなか正しく理解されなかったけれども、媚《こ》びることなく淡々《たんたん》と自分の学問を深めていきました。しかも誤解を招くから権力とは一切付き合わない。それを貫かれましたよ。いま生きていれば、さぞかし日本をよい方向に導いてくれたに違いありません。

「to do goodを考える前に、to be goodを目指しなさい」――（安岡先生の）この言葉に私はピタッとはまったんです。

運命を切り開いて立命にする

牛尾　ところで、川崎製鉄にはどういう経緯で入社されたのですか。

數土　うちでは上の四人の兄と弟が全員東大に行ったんですが、私は本ばかり読んで勉強していなかったので、とても東大は無理だと思っていました。それで兄から勧められて、技術屋を目指すことにしたんです。文化系の素養を持って技術屋になったほうが、将来大成するかもしれないぞと、本当にいいアドバイスをしてくれました。

それで北海道大学に入ったんですが、私の母がまたおもしろくて、帰省するたびに「あなたは大器晩成《たいきばんせい》よ」って繰り返し言って聞かせるんです（笑）。兄や弟に劣等感を持たないようにと気に掛けていたんでしょう。『三国志』を読んでいるから、そのくらい気づいている

よと内心思いながらも（笑）、心配掛けて申し訳ないなと。
川崎製鉄を勧めてくださったのは、大学四年のときの就職指導主任の先生でした。溶鉱炉の専門家だったんですが、おまえは絶対に川崎製鉄しかないと。そして川鉄でも研究所ではなく現場に行け。そうしたら定年までに課長くらいにはなれるからと。

牛尾　仕事はいかがでしたか。

數土　新人研修が終わると、三交代勤務になりました。一週間ごとに八時間ずつ出勤時間がずれるものですから、毎週欧米に行って時差を体験するようなものです。それが四年半続きましたから、もう見捨てられたと思いましてね。これは自分で一流のエンジニアになるしかないと考えたんです。

それで仕事から戻ったら、もう一回小中学校のときに読んだ中国古典を読み返しながら、技術論文に挑戦しました。一所懸命努力していたら、いつか自分の時代がくるだろうと思いましてね。技術者として、国際会議の座長を務められるような人材に三十代でなろうと決意したんです。

牛尾　安岡先生は、運命を自ら切りひらいて立命にしなければならない、とよく言っていましたが、まさにそれを実践されたのですね。

數土　立命ですか。その意味では、過酷な三交代勤務の中で私は得がたいものを摑みました。

深夜勤務をする工員の職長というのは、部下が三百人くらいいて、製鉄所長と一緒のようなものなんですが、その工員の職長というのが本当に人格者なんです。技術的にも非常に優れているし、要所を締めて職場の緊張感をしっかりと保持しているし、非常に思いやりがあって気配りができる。これは私の理想のリーダー像の原型になっています。

牛尾　本人の心掛け次第で、会う人は皆師になるわけですね。上役を批判ばかりして、ただ辛いと思うだけで終わってしまう人がほとんどでしょうけれども。

人に興味がないと人材の発掘はできない

數土　その現場の職長に人材育成について聞いてみたこともあります。そうしたら、これは西山さんも同じようなことをどこかで書いておられたんですが、人材育成なんて発掘だと言うわけです。考えてみたら、『三国志』の曹操《そうそう》だって全部発掘です。要するに、見どころのある若い人がいたらそれを覚えておくと。そして、後で人材が必要になったときにそういう人に声を掛けて集めるわけです。ですから私も、自分が将来上に立つことを想定して、係長、課長のころからいろんな部を見て、優秀な人は誰かとチェックしていました。

牛尾　発掘するというのは、人が好きでないとできませんね。最近のサラリーマン経営者というのは、仕事には興味があるけれども、人に興味がないから人が育たないんです。

數土　その点、牛尾さんは本当に人に会うのがお好きだと思うんです。そして相手の特長をすぐ摑まれるんじゃないでしょうか。

私は大学の教養課程の一年半の間に、六十人いる仲間一人ひとりと必ず一時間以上ずつしゃべろうと決めて実践しました。それは会社に入ってからもずっと心掛けてきました。ですからトップは人間好きでなければならないというのはよく分かりますね。

牛尾　數土さんにもう一つ感心するのは、お話の内容が借り物ではなく自前だということです。そうやって人に会ったり、読んだ本をもとにして、自分で考えて正しいと思ったことを話される。そういう本物の人というのがいま少なくなっているのは残念です。

數土　その三交代時代には、人がついていきたくなるのはどういう人かというのも発見しました。

清水次郎長が人心掌握《しょうあく》のために、人の見ているところでは子分を怒らなかったといいますが、あれは後から誰かがつくった話だと思うんです。優れたリーダーは、人の見ているところで怒って、見ていないところで褒《ほ》めていました。

ですから、私は部下の長所を認め、褒めたほうが育つと考えていますが、言うべきときには皆が見ている前でも厳しいことを言います。同じ間違いをしてほしくありませんからね。そしてその後でしっかりフォローするんです。

清水次郎長が人心掌握のために、人の見ているところでは子分を怒らなかったといいますが、あれは後から誰かがつくった話だと思うんです。優れたリーダーは、人の見ているところで怒って、見ていないところで褒めていました。

愚者は体験に学び、賢者は歴史に学ぶ

牛尾　そうやって人間というものを学びながら、論文を書き続けたのですね。

數土　ええ。論文を書く際には研究部門の助けも必要なときがあります。それで研究所にしょっちゅう顔を出して仲よくなっておいて、協力が必要なときには一緒に実験をして共著で出しました。自分でテーマを決めて、実験の段取りも全部整えて、一緒にやろうと。

現場にいると、出張なんてないから仕事が単調になりがちです。だからせめて学会に出席したいと考えて一所懸命に論文を書いたんです。三年目に初めてそれを係長に見せたらびっくりしましてね。課長と相談するからちょっと待てと。なかなか許可が下りないので

気を揉《も》んでいたら、提出締め切りの一日前に係長から呼ばれましてね。許してやると。だが俺と課長の名前も書いておけと（笑）。

牛尾　アハハ（笑）。そういう組織の中を、自分の持ち味を捨てずにくぐり抜けて生きていくというのはなかなか難しいことです。

數土　いいえ、父が薄給の中で七人もの子供を大学にやってくれましたので、学生時代は、食事代も下宿代も全部自分でアルバイトをして賄《まかな》っていました。それに比べたら、給料をもらいながら勉強ができるというのは本当にありがたかった。一所懸命働いて、常に品質の最高記録、コスト減の最高記録に挑戦していました。

加えて、いつも周りを見て、自分があの課長になったら何をやっているだろうと考えていました。部長になったら、千葉製鉄所の所長になったら、川崎製鉄の社長になったら、新日鐵の社長になったら何をやるだろうと。そういうことを常に考えながら仕事に取り組んでいましたから、とても充実したサラリーマン生活を送ってきたといえるでしょうね。

牛尾　サラリーマンでありながら自ら学び、自立して仕事に取り組んでいたんですね。だから數土さんは群れをなさないし、自前の考えでいく。

數土　振り返ってみると、やはり早くから中国古典に親しんでいたことが大きかったと思います。

中国の春秋戦国時代の王朝でも、会社の創業者でも、生き残るところのリーダーは将来を展望する能力を持っています。これからどういう環境になっていくだろうかという将来予測と、その中で生き残っていくための「How to do」、そしてそれを実践する敢闘《かんとう》精神、度胸、決断力。こういった要素がリーダーには必要だと私は考えます。

その際に大事だと思うのは、いろんな素晴らしい人によく会っておくことです。そして自分が窮地に陥ったときに、これまで接してきた人だったらどうするかと考える。何か困ったときには、牛尾さんだったらどういう判断をされるだろうかと。もしどなたにも当てはまらない状況であれば、中国古典に照らしてみるんです。ここで曹操だったらどうするだろうか、劉備《りゅうび》だったら、孫権《そんけん》だったらと。そういうときは気宇壮大《きうそうだい》に想像を膨らませていいじゃないですか。

リーダーは修羅場《しゅらば》を体験しなければならないと私は考えますが、古典や歴史書に親しんでいると、そういうふうに疑似体験することができるから強いですね。そうすると心が落ち着いてまた勇気も出てくる。「愚者は体験に学び、賢者は歴史に学ぶ」というのは本当です。

日本の進むべき道

牛尾　いまおっしゃった将来を展望する能力には、運の要素も非常に大きいと私は思います。自分の描いたイメージどおりに将来をひらいていくという意味で、運を生かしているかどうか、これは非常に重要です。

自分は運に恵まれないという人はたくさんいるけれども、本当は運というのは誰にも平等に巡ってきているんですよ。その運を掴むか、逃すかという差があるだけでね。ですから素晴らしい人に会っても、その人に惚《ほ》れ込んで勉強する人と、会ってお茶を飲むだけですぐ忘れる人では大きな差がついてくる。みんな同じようにチャンスは訪れているけれども、それを生かしていないだけなんですよ。

數土　確かにそうですね。

牛尾　二十一世紀というのは、そういった心について盛んに議論される世紀になると思うんです。

そして、日本というのは自然と共生する文明です。戦後アメリカの自然を克服する文明、浪費の文明が入ってきて、一度それで成長はしたけれども、ここへきて環境問題をはじめいろんな問題が出てきました。やはりこの地球上に百五十億人もの人間は生きられるはずがありませんから、これからどんどん縮小均衡に入って、質素な時代になると思うんです。

質素になれば、心の喜びというものが重視されるようになります。「素《そ》にありて贅《ぜい》を知る」という言葉がありますが、これからの日本はそういうスタンスで道をひらいていくべきだと思います。

數土　素にありて贅を知る。

牛尾　元首相の大平正芳さんがつくった造語なんですが、日本の社会文明の特長というのはこの言葉に尽きると思います。いま、クールジャパンといって日本文化が世界的に評価され、日本に学ぼうというアジアの人が増えているというのは、そこに魅せられているんだと思います。

それを経済や経営と結びつけるのは簡単ではないけれども、最近日本へくる観光客は、自分の国で売っている製品より二割高くてもメイド・イン・ジャパンを買って帰りたがっています。それは、安心だとか、静かだとか、何かほのぼのとするというように、製品そのものでなく、日本の文化を買っているわけです。

質素な中にも贅の心があって、しかも非常に長持ちをするといった長所が買われている。一時期、日本の洋服は不要なところまで縫ってあるとか、オーバースペックだとか揶揄《やゆ》されたけれども、いまは逆に、そういうふうに隅々《すみずみ》まで心配りの利いた商品だからこそ評価されるようになりました。

　そのあたりのことを考えていくと、中国も日本から学ぶことによって質の高い成長を実現できるだろうし、アメリカの競争力も日本と組むことによってお互いを利する方向で花ひらく。ですから、日本は自己開発力を追求するよりも、むしろ中国やアメリカに伴走して、彼らとともによくなっていくことが大事だと思います。

數土　お話をうかがっていて思い出したのは、昔、安岡正篤先生の本にあった健康についての定義です。安岡先生による健康の定義というのは、欲望を持っていて、しかしその欲望に抑制が利いている人、自制力が働いている人なんだと。私はこれがすごく印象に残っているんです。まず進歩成長しようという欲望がないと駄目なんですね。だけどそれを抑制できなければ健康じゃない。

ですから二十一世紀は、牛尾さんがおっしゃるように質素ということと、もう一つは人間が抑制力、自制力を持てるかどうかが特に重要になってくると思います。

安岡先生による健康の定義というのは、欲望を持っていて、しかしその欲望に抑制が利いている人、自制力が働いている人なんだと。……まず進歩成長しようという欲望がないと駄目なんですね。だけどそれを抑制できなければ健康じゃない。

学び続け、きれいに、見事に老いてゆく

牛尾　そうした方向に道を切りひらいていくためにも、われわれは学び続けなければなりませんね。

數土　きょうのテーマである「学ぶに如かず」というのは『論語』の衛霊公《えいれいこう》第十五の言葉ですね。これには前段があって「吾かつて終日食《くら》はず、終夜寝《い》ねず、以《もつ》て思う、益なし」。そして「学ぶに如かず」と続く。ですから孔子は、それだけ学ぶことに対して切実だったわけです。おそらく学ぶという言葉は、『論語』に最もよく出てくる言葉の一つだと思います。とにかく孔子は、繰り返し学べと言っている。

だけど学ぶというのは、独りよがりにやっても駄目で、先人や歴

史に学ぶことが大事でしょうし、継続は力であって一夜漬けでは力にならない。そして学ぶ対象はTPOによっても違ってきます。

いまは六十五歳まで働くわけですから、「四十にして惑《まど》わず」なんて言っていたら駄目。六十、七十になっても働いて、勉強し続ける気概を持たなければならないと私はよく言うんです。

牛尾　そのためには学んだことをしっかり自分のものにしなければなりませんね。安岡先生から『論語』の「学びて思わざれば即《すなわ》ち罔《くら》し」という言葉について聞かされたときに、なるほどと思ったんです。学ぶだけで思わないから駄目なんだと。知行合一《ちこうごういつ》という実践にまで至らないいんですね。

數土　人の話を聞いて学ぶときは、途中で相手に反論することもできますから、深く思うということができにくいともいえます。

しかし本を読むときは、著者に途中で合いの手を入れられないから、まず受け入れて、後でじっくり思うということになる。それが読書による学びのよさであって、パソコンだとかインターネットではそういう学び方はできません。最近読書をする人が少なくなって、インターネットへ流れているというのは心配です。

牛尾　昔はいい言葉は声に出して読めともいわれていましたね。何度も読んでいると「門前の小僧、習わぬ経を読む」で、その真意が摑めてくる。私も学生時代は漢文の授業で随分《ずいぶん》読まされました。

數土　寺子屋でやっていた素読《そどく》と同じですね。当時の子供たちは、外に聞こえるくらい大きな声で読んでいたといいます。

牛尾　伊藤博文が中国の官僚を驚嘆させた教養も、やはり寺子屋式の教育で培われたんですね。声に出すことで自分のものになるんですよ。

日本の教育力がこの二十年ぐらいの間に非常に衰えていますが、

それは単にゆとり教育のせいばかりではありません。やはり寺子屋教育のようなものを通じて活学というか、生きる哲学を教えていない。そういう環境を与えていないんです。そのために日本人のよさがなくなってきていることは憂慮すべきです。

數土　これから日本が飛躍していくための復元力も身につきませんね。二十一世紀に人類、あるいは日本人が正常になるためには、心の持ちようと復元力を養うための仕組みを、どうやって社会全体が持つかということが非常に問われてくると私は思います。

牛尾　數土さんには是非五十歳以上の人に、そういうことを教える仕組みをつくっていただきたいですね。これまでは会社の中でやっていましたが、いまはもう社会全体がそれを渇望《かつぼう》していますから。もう五年か十年すれば、七十五歳まで働かなければならない時代がきますしね。

數土　イギリスはすでにそうなっていますね。六十五歳で引退したけれども、年金の額が小さいからまだ働きたいと。

牛尾　そういう時代に対応するためにも私は、十八歳から七十五歳くらいの間に三回ぐらい、十年単位で勉強できる社会にするといいと考えるんです。特に年を取ってからの学びの機会が求められます。

數土　いまの若い人も甘えていますけれども、七十五歳以上の人も後期高齢者といわれて憤慨《ふんがい》するだけでなく、各々が復元力を持って社会に貢献していくことを考えていかなければなりませんね。

牛尾　七十五歳のうちの八十五パーセントが十分に健康だそうですから、決して社会的弱者ではありません。知恵も経験もあるからまだまだいろんなことができるはずです。

学ぶことを通じて、レベルの高い老い方をしていくことが大事です。きれいに、見事に老いていくには、やはり一生学び続けなければなりませんね。

數土 「壮《そう》にして学べば、則《すなわ》ち老いて衰《おとろ》えず。老いて学べば、則ち死して朽《く》ちず」ですよ。

あとがき

少子化、高齢化、人口減少がじりじりと迫ってきている。今世紀に入って十年、それが現実となり、なんとも言えない不安な未来を感じている。西欧先進国も同じ流れにあり、昨今は韓国、中国をはじめ、アジア諸国にもその傾向が見えてきた。

さらに現代は、グローバリゼーションとＩＴの急速な発展によって、地球規模の大きな変化がスピーディーに動きつつある。

ボーダレス、つまり国境を越えることによって、経済規模を大きくし、その変化を緩やかにしようとする動きもある。また、先頭を走るアメリカは、人種差別撤廃（レイス・フリー）、男女平等（ジェンダー・フリー）、年齢差別禁止（エイジ・フリー）を進めて、新しい変化に対応するエネルギーをつくろうとしている。新世紀は大きな変革に向かって、人間が挑戦する時代になるのだろう。

二〇〇六年、小泉純一郎総理の退任とともに、私は経済財政諮問会議の議員を退いた後、観光推進の仕事など一部を除いては公職からほとんど引き上げた。国際化するウシオグループの存立を賭けた大胆な変革にもかなり時間を取られているが、日本生産性本部や総合研究開発機構（ＮＩＲＡ）、日本ベンチャーキャピタルなど、かなり広い視野が必要な仕事が増えてきている。それにより、今世紀に対応する勉強の機会を得ていることは、大変ありがたいことだ。

大平正芳さんとのつきあいで「孤に徹し、衆と和す」という言葉を教わった。自分自身の考えを深め、同時に社会とのつながりを大事にして自分の考えを理解してもらう努力をすることだが、強く感銘を受けた。

「素《そ》に在りて贅《ぜい》を知る」

これからきっと質素な世紀になるだろうと思いながらも、贅なる心を失いたくない。大平先生の言うそんな人間の生き方に共鳴をした。

安岡正篤先生から伺った言葉の中で

「戦戦兢兢《きょうきょう》、深淵に臨むが如く、薄氷を履《ふ》むが如し」

という言葉が好きだ。深い洞察力と鋭い感受性で深淵に臨み、周到な判断と注意深い行動力で薄氷を踏む、そんな思いで大変化に対応する人間の心の在り様が「戦戦兢兢」なのである。

本編にも書いた「知識から見識へ、見識から胆識へ」という安岡教学のプロセスは、胆識においてその理念を実現し、社会を動かしていく力となる。枝葉末節を切り捨て、根幹に向かって深く考えることが東洋哲学である。活きた学問、活学を充分身につけ、知行合一の行動の中で、目まぐるしく変化する未来に対応しなければならない。

月刊誌『致知』に執筆、掲載していた「巻頭の言葉」を取り纏《まと》めて、七年前の『わが人生に刻む30の言葉』に続いて、このたび本書を『わが経営に刻む言葉』と題して出版することにした。

これはこの七年の間の経営者の辛さ、迷い、そして経営の対処についてのものの見方を咀嚼《そしゃく》しながら、『致知』の見開き二ページに綴ったものだが、これからを担っていく二十代から五十代の方々に、少しでもお役に立てればと考え、本に纏めることにした。

これからも『致知』の巻頭の言葉を書き続けたいと思っている。しばらくおつきあいをいただけたら幸いだ。

本書の発行に際して致知出版社の藤尾社長をはじめ、スタッフのみなさんには大変お世話になった。心から感謝をしたい。

平成二十二年六月

牛尾　治朗

《初出一覧》

プロローグ

素に在りて贅を知る　『致知』二〇〇四年七月号

第一章　先達に学ぶ

孤に徹し、衆と和す　『致知』二〇〇三年九月号

非連続の連続こそ人生　『致知』二〇〇八年十二月号

人物登用法　『致知』二〇〇九年三月号

知識、見識、胆識　『致知』二〇〇九年九月号

第二章　人生を工夫する

一小燈、一隅を照らす　『致知』二〇〇四年四月号

卑しくなってはならない　『致知』二〇〇七年九月号

平岩外四さんのこと　『致知』二〇〇八年一月号

天命を信じて人事を尽くす　『致知』二〇一〇年三月号

第三章　身を修める

長所短所を見極める　『致知』二〇〇五年九月号

重きは軽く、軽きは重く　『致知』二〇〇八年七月号

不思議の勝ちを呼び込む　『致知』二〇〇七年三月号
着眼大局、着手小局　『致知』二〇〇八年四月号

第四章　経営への視点
子の驕気、多欲、態色、淫志、いずれも子の身に益することなし　『致知』二〇〇二年十二月号
日本の長所に目を向けよ　『致知』二〇〇三年三月号
大変化の時代を生き抜く　『致知』二〇〇三年六月号
新しい成長プロセスへ　『致知』二〇〇六年八月号
新時代のリーダーシップ　『致知』二〇〇三年十二月号
　『致知』二〇〇八年十月号

エピローグ
自分の時間をどう使うか　『致知』二〇一〇年六月号

特別対談
学び続けるリーダーこそ道をひらく　『致知』二〇一〇年二月号

※タイトル・内容の一部は初出時と変わっているものがあります。

〈著者略歴〉

牛尾治朗（うしお・じろう）

昭和6年兵庫県生まれ。28年東京大学法学部卒業、東京銀行入行。31年カリフォルニア大学政治学大学院留学。39年ウシオ電機設立、社長に就任。54年会長。平成7年経済同友会代表幹事。12年DDI（現KDDI）会長。13年内閣府経済財政諮問会議議員。日本生産性本部会長、総合研究開発機構会長。
著書に『わが人生に刻む30の言葉』『男たちの詩』（いずれも致知出版社）などがある。

わが経営に刻む言葉

平成二十二年六月三十日第一刷発行

著者　牛尾　治朗

発行者　藤尾　秀昭

発行所　致知出版社

〒150-0001東京都渋谷区神宮前四の二十四の九

TEL（〇三）三七九六—二一一一

印刷　㈱ディグ　製本　難波製本

ISBN978-4-88474-887-6　C0095

ホームページ　http://www.chichi.co.jp

Eメール　books@chichi.co.jp